연필 잡고 쓰다 보면 기초 영문법이 끝난다

바빠

초등 영문법 3

이지스에듀

지은이 | E&E 영어 연구소의 대표 저자 · 이정선

이정선 선생님은 YBM시사, EBS, 다락원, 교학미디어, 종로 엠스쿨 등에서 출간된 100여 종이 넘는 영어 교재 개발에 참여하였고, 초등, 중등, 고등학생을 대상으로 한 영어 학습 프로그램도 개발한 영어 학습 프로그램 개발 전문가이다. EBS 고등학교 영어 교재 개발에도 참여하여, 최근의 입시 영어 경향도 잘 이해하고 있다. 집필 도서 중 대표적인 참고 서로는 《알찬 문제집》 중학 1, 2, 3학년용이 있으며, 단행본으로는 《영어일기 e-메일이 술술 써지는 영작기술 79가 지》 등이 있다.

전국 규모의 영어 학력평가인 'Yoon's BEFL Contest'와 '해법영어 경시대회(HEAT) 올림피아드' 등 초등학생과 중학생을 위한 다수의 영어능력 평가 문제를 출제했다. 그동안의 영어 교재 및 학습 프로그램 개발과 강의 경험을 집대성해 《바빠 초등 영문법 - 5·6학년용》 시리즈, 《바빠 초등 문장의 5형식 영작문》을 집필하였다. E&E 영어 연구소는 쉽고 효과적인(easy & effective) 영어 학습 방법을 개발하는 연구소이다.

바빠 초등 영문법 5·6학년용 ▶ 3

(이 책은 2014년 12월에 출간된 '바쁜 5·6학년을 위한 빠른 영문법'을 보완해 개정 증보한 판입니다.)

초판 1쇄 발행 2023년 4월 17일
초판 3쇄 발행 2024년 11월 15일
지은이 E&E 영어 연구소 이정선
발행인 이지연
펴낸곳 이지스퍼블리싱(주)
출판사 등록번호 제313-2010-123호
주소 서울시 마포구 잔다리로 109 이지스 빌딩 5층(우편번호 04003)
대표전화 02-325-1722   팩스 02-326-1723
이지스퍼블리싱 홈페이지 www.easyspub.com   이지스에듀 카페 www.easysedu.co.kr
바빠 아지트 블로그 blog.naver.com/easyspub   인스타그램 @easys_edu
페이스북 www.facebook.com/easyspub2014   이메일 service@easyspub.co.kr

본부장 조은미   기획 및 책임 편집 정지연 | 이지혜, 박지연, 김현주   교정 교열 손정은   문제 풀이 조유미, 이홍주
표지 및 내지 디자인 손한나, 정우영   조판 책돼지   일러스트 김학수   인쇄 보광문화사
영업 및 문의 이주동, 김요한(support@easyspub.co.kr)   마케팅 라혜주

ISBN 979-11-6303-461-2   64740
ISBN 979-11-6303-436-0(세트)
가격 13,000원

• 이지스에듀는 이지스퍼블리싱(주)의 교육 브랜드입니다.
(이지스에듀는 학생들을 탈락시키지 않고 모두 목적지까지 데려가는 책을 만듭니다!)

"엄마, 전 바빠 영어가 아니었으면,
아직도 영문법을 몰랐을 거예요."

- 세상을 빛내라 님 -

'바빠 영문법'은 초등 영문법의 핵심을 배울 수 있는 유익한 교재예요. 특히 영문법 실수를 어떤 부분에서 하는지 파악할 수 있어 좋았어요.

lawlee2000 님

아이가 영문법 공부를 늦게 시작해서 걱정이었는데, 이 책 덕분에 어렵게만 느끼던 영문법에 눈을 뜬 것 같아요. 영어 문장이 술술 써진다면서 본인도 놀라고 있어요!

애플그린 K 님

5학년 아들 녀석이 스스로 하고 싶은 문법 책을 찾았다며 문법 공부를 시작했습니다!

f******2 님

'바빠 영문법'에서 가장 마음에 드는 부분이 '복습 설계'예요. 앞서 배운 문법이 티나지 않게 오늘의 공부에 반영되어 있어요.
똑같은 걸 반복한다는 느낌없이 자연스럽게 복습이 돼요.

Loveis8199 님

날마다 튼튼하게 영어 근육을 키운다~! 영어 사교육 없이 혼자서 공부하는 우리 아이에게 잘 맞는 초등 기초 영문법 교재예요.

ybsy0506 님

중1 학생 부모입니다. 학교에서 to 부정사를 배우는데 '바빠 영문법'에서 공부했던 거라 훨씬 쉽게 느껴졌다고 하더라고요. '바빠'하길 잘했다고 느낀 순간이었어요.

애국미녀맘 님

문법 정리가 깔끔하게 되어 있고, 무엇보다 손으로 쓰면서 공부할 수 있는 책이라 마음에 들어요!

Grace 님

초등 어휘 수준에 맞게 잘 짜여진 기초 영문법 책이에요. 아이 수준에 맞는 교재를 못 찾아서 내가 직접 만들어야 하나 했는데 바로 이 책이네요!

프로사냥꾼 님

빈칸을 채우다 보니
전체 문장이 써져서 놀라는 문법 책

눈으로 보고 아는 것만으로 부족해요. 이제 영문법을 정확히 익혀야 할 때!

중학교에 들어가면 영어 학습이 문법 중심으로 바뀝니다. 게다가 시험에는 문장을 써내야 하는 서술형 문제까지 나오죠. 문법 개념을 눈으로만 이해하고 감으로 문제를 맞히는 방식은 이제 통하지 않을 거예요. 그렇다면 초등 단계에서 중등 영어를 준비하는 효율적인 방법은 무엇일까요?

초등 영어 교과에서 다루는 모든 문법을 쓸 수 있게 된다!

먼저 초등 영문법부터 총정리해야 합니다. 〈바빠 초등 영문법〉에는 초등 영어 교과서 문장을 분석한 기초 문법 규칙들을 모두 다루고 있습니다. 또 문법 규칙들이 잘게 나누어져 있어 누구나 소화할 수 있습니다. 이 책으로 문장의 빈칸을 채우면서 문법이 정확히 익혀질 때까지 학습합니다.
게다가 중학교 입학 후에 본격적으로 배우게 될 수여 동사와 같은 내용도 일부 포함해 중학 영문법의 기초를 쌓을 수 있습니다.

핵심 비법은 비교 문장이다!

'무엇'을 공부하느냐 만큼 '어떻게' 공부하느냐도 굉장히 중요합니다. 처음부터 단순히 문제를 많이 푸는 방식으로 공부하면 정답을 맞히는 데만 집중하게 됩니다.
우리가 영문법을 공부하는 이유는 영어 문장을 좀 더 잘 이해하고, 익숙해져서 영어를 자유롭게 구사하는데 있습니다. 〈바빠 초등 영문법〉의 문장을 비교하는 방식으로 공부하면 왜 이 단어를 써야 하는지 이해하면서 영어 문장을 정확하게 쓸 수 있습니다.

 직접 써 보며 '내 문법'으로 만든다!

공부 전문가들은 '영문법을 이해하는 것(學)과 훈련하는 것(習)은 다르다'고 말합니다. 문법 설명이 잘 되어 있는 교재라도 직접 써 보며 자기의 것으로 만들지 않는다면 영문법이 머릿속에 남지 않습니다.
〈바빠 초등 영문법〉의 학습 시스템은 읽고 이해하는 input(문법 및 단어의 두뇌 입력) 뿐 아니라 쓰는 과정인 output(머리에 입력된 문법을 출력해 보는 문장 훈련) 활동이 모두 설계되어 있습니다. 그래서 배운 문법을 확실하게 기억할 수 있습니다. 이 책의 output(아웃풋) 과정에서 풀게 되는 훈련 문제들은 아주 특별합니다.

과학적 훈련 문장으로 자연스럽게 깨닫고, 나도 모르게 복습이 된다!

〈바빠 초등 영문법〉의 훈련 문제들은 기계적인 빈칸 문제가 아닙니다. 테스트용 문제가 아니라 문법 훈련용으로 최적화된 문장들입니다. 그래서 약간 어려운 문제가 나오더라도 앞뒤 문장에서 힌트를 얻어 답을 쓸 수 있습니다. 그래서 몰입하게 되고, 스스로 깨닫는 학습의 즐거움을 맛보게 됩니다.

또한, 각 훈련 문장들은 나선형 사다리 모형으로 설계되어 있습니다. 나선형 사다리를 한 칸씩 차근차근 따라가다 보면 새로운 단어와 문법을 익히는 동시에, 이미 학습한 단어 및 문법 사항이 다음 단계와 그 다음 단계에도 계속 누적되어 반복되는 나선형식 학습 흐름입니다.

바빠 초등 영문법의 누적식 학습 설계

따라서, 각 단계의 뒷부분에 주로 나오는 '도전! 문장 쓰기' 문제는 앞의 훈련 문장을 다 썼다면 누구나 쓸 수 있게 됩니다. 또한, 전 단계의 문법 사항을 다음 단계의 훈련 문장 속에도 녹여 놓아, 나도 모르게 복습이 이루어지는 과학적인 훈련 문제들입니다. 두뇌의 망각 곡선을 고려하여 배치된 훈련 문장들을 만나 보세요!

폼 잡지 않는 건강한 영문법 책

이 책은 문법을 정복하는 데에만 집중할 수 있도록 쉬운 단어와 단순한 문장으로 문제를 구성했습니다. 폼 잡지 않고 기초 영문법의 전체 뼈대를 잡는 데 초점을 모았기 때문입니다. 기초 영문법의 뼈대가 잡히면 나머지 영문법은 이 책에서 배운 영문법을 확장해서 익히는 것에 불과합니다.

여러분도 이 책으로 영문법의 튼튼한 뼈대를 만들어 보세요!

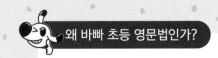

학원 선생님과 독자들의 의견
덕분에 더 좋아졌어요!

2014년 12월 '바쁜 5·6학년을 위한 영문법'(이하 바빠 영문법)이 출간된 이후, 시중의 많은 초등 영문법은 '문법 쓰기' 콘셉트로 바뀌었습니다. 영어 문법책의 판을 바꾼 쓰기형 영문법의 원조인 '바빠 영문법'이 출간 이후 9년 만에 새롭게 나왔습니다! 이번 판에서는 '바빠 영문법'을 이미 풀어 본 학생, 학부모, 선생님들의 생생한 의견을 반영해 '더 즐겁게 공부할 수 있는 방법', '더 효과적인 방법'을 적용했습니다.

하나, 시각적인 즐거움과 학습 효과를 더했어요!

색감이나 사진, 그림이 더 풍부했으면 좋겠다는 학생들의 의견을 반영해 문법 개념 이해를 도 와주는 개념 삽화와 시각적인 효과를 더했습니다. 또한 기초 영단어를 사진과 결합해 영단어 까지 공부할 수 있습니다.

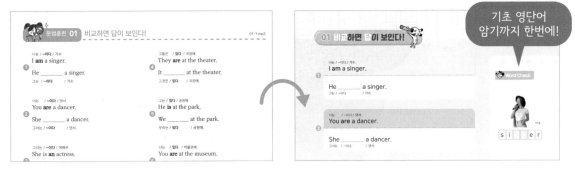

기존판:《바쁜 5·6학년을 위한 빠른 영문법》   개정판:《바빠 초등 영문법 - 5·6학년용》

둘, 글자 크기를 키우고 답을 쓰는 칸도 더 넓혔어요!

아이가 공부를 할 때 느끼는 '공부에 대한 긍정적인 감정'이 중요하다고 합니다. 이번 개정판 에서는 아이들이 이 책을 처음 펼쳤을 때 자신감 있게 풀어 나가도록 글자 크기를 키우고, 답 쓰는 칸도 넓혔습니다. 이러한 장치는 '공부에 대한 긍정적인 감정'을 심어 줄 것입니다.

셋, 알아두면 좋은 꿀팁을 더했어요!

'바빠 초등 영문법'의 장점 중 하나는 어려운 문법 용어를 옆에서 말 하듯이 풀어서 설명해 쉽게 이해할 수 있다는 점입니다. 개정판에서 는 기존판의 장점은 그대로 살리고 알아두면 좋은 꿀팁들을 추가해 문법을 더욱 쉽게 이해할 수 있습니다.

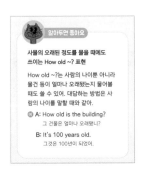

바빠 초등 영문법의 과학적 학습 설계를 만나 보세요!

1단계 ★

개념 먼저
이해하기

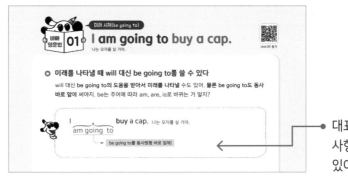

대표 문장을 통해 문법 핵심
사항을 확인하고 이해할 수
있어요.

2단계 ★

훈련 문장으로
문법 내 것
만들기

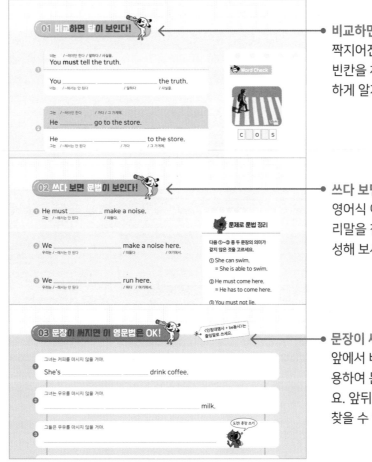

비교하면 답이 보인다!
짝지어진 문장을 비교해서
빈칸을 채우면 문법을 정확
하게 알게 돼요.

쓰다 보면 문법이 보인다!
영어식 어순으로 제시된 우
리말을 참고하여 문장을 완
성해 보세요.

문장이 써지면 이 영문법은 OK!
앞에서 배운 문법 항목을 적
용하여 문장을 완성해 보세
요. 앞뒤 문장들에서 힌트를
찾을 수 있어요.

Read aloud!

＋ 훈련 문장 음원을 활용해 2단계를 효과적으로 공부하는 방법

방법 1 문장을 듣고 나서 큰 소리로 따라 읽어 보세요. 듣고, 소리 내어 읽는
활동을 통해 스피킹 및 리스닝 연습을 동시에 할 수 있어요.

방법 2 정답을 맞출 때 해답지 대신 음원 파일을 들으며 확인해 보세요.

🎧 훈련 문장 음원 MP3 다운로드

바빠 공부단 카페
www.easysedu.co.kr

바빠 공부단   검색

3단계 ★

시험에는 이렇게 나온다로 시험 문제 유형 완벽 대비!

PDF 다운로드 ⬇

PDF 다운로드 위치

바빠 공부단 카페 자료실
www.easysedu.co.kr

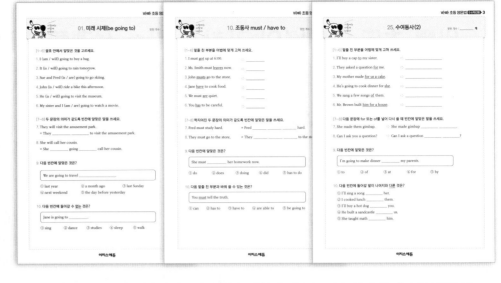

▲ 시험 문제를 자주 출제하는 저자가 중학교 시험에 나오는 기초 문법 문제만 엄선했어요.
바빠 공부단 카페에서 '시험에는 이렇게 나온다' PDF를 무료로 다운로드 받아 시험 문제
유형에도 완벽하게 대비해 보세요. PDF는 문법 요소별로 총 25장이 준비되어 있어요.

4단계 ★

한 장의 표로 바빠 초등 영문법 총정리!

Perfect!
총정리까지
완벽하게!

▲ 이 책에서 공부한 영문법을 하나의 표로 정리했어요. 표를 지표로 삼아 헷갈리는 문법이나
기억이 나지 않는 문법 요소는 돌아가서 다시 한 번 점검해 보세요!

Contents

바빠 초등 영문법 5·6학년용 3

🚩 나만의 공부 계획을 세워보자!

★		☐ 13일 완성	☐ 10일 완성
☑	1일	Unit 01~02	Unit 01~03
☐	2일	Unit 03~04	Unit 04~06
☐	3일	Unit 05~06	Unit 07~09
☐	4일	Unit 07~08	Unit 10~12
☐	5일	Unit 09~10	Unit 13~15
☐	6일	Unit 11~12	Unit 16~17
☐	7일	Unit 13~14	Unit 18~19
☐	8일	Unit 15~16	Unit 20~21
☐	9일	Unit 17~18	Unit 22~23
☐	10일	Unit 19~20	Unit 24~25 표로 정리하는 초등 영문법③
☐	11일	Unit 21~22	
☐	12일	Unit 23~24	
☐	13일	Unit 25 표로 정리하는 초등 영문법③	

가볍게 공부할 때는
하루에 1유닛씩
25일에 완성하세요!

바빠 초등 영문법 5·6학년용 ①

바빠 초등 영문법 5·6학년용 ②

연필 잡고 쓰다 보면 기초 영문법이 끝난다

바 친구들이 즐거워지는
빠른 학습법

5·6
학년용

바빠
초등 영문법 3

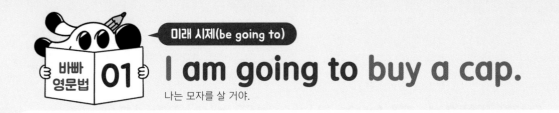

미래 시제(be going to)

I am going to buy a cap.
나는 모자를 살 거야.

☆ 미래를 나타낼 때 will 대신 be going to를 쓸 수 있다

will 대신 be going to의 도움을 받아서 미래를 나타낼 수도 있어. 물론 be going to도 동사 바로 앞에 써야지. be는 주어에 따라 am, are, is로 바뀌는 거 알지?

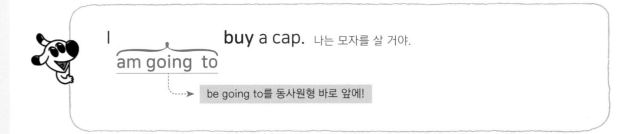

I ＿＿ buy a cap. 나는 모자를 살 거야.

am going to

be going to를 동사원형 바로 앞에!

☆ be going to 다음에도 항상 동사원형으로!

will 뒤에 동사원형을 쓰듯이 be going to 다음에도 항상 동사원형을 써야 해.

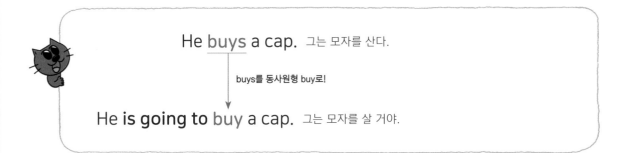

He buys a cap. 그는 모자를 산다.

buys를 동사원형 buy로!

He is going to buy a cap. 그는 모자를 살 거야.

☆ 간단한 줄임말이 있다

I am going to	→ I'm going to	She is going to	→ She's going to
You are going to	→ You're going to	He is going to	→ He's going to
We are going to	→ We're going to	It is going to	→ It's going to
They are going to	→ They're going to		

Word Check

1

나는 / ~할 것이다 / 산책하다.

I **will** take a walk.

= I _____ **going to** take a walk.

w a ☐ k

2

그는 / ~할 것이다 / 가다 / 공원에.

He **will** go to the park.

= He _____ _____ _____ _____ to the park.

3

우리는 / ~할 것이다 / 걸어가다 / 공원에.

We **will** walk to the park.

= We _____ _____ _____ _____ to the park.

d r ☐ v e

4

그녀는 / ~할 것이다 / 운전하다 / 공원으로.

She **will** drive to the park.

= She _____ _____ _____ _____ to the park.

5

그들은 / ~할 것이다 / 자전거를 타다 / 공원으로.

They **will** ride bikes to the park.

= They _____ _____ _____ _____ bikes to the park.

6

(비인칭 주어) / ~할 것이다 / 비가 오다 / 오늘 오후에.

It **will** rain this afternoon.

= It _____ _____ _____ _____ this afternoon.

1. _____ / _____ / _____ / _____ meet my friends this afternoon.
   나는 / ~할 것이다 / 만나다 / 내 친구들을 / 오늘 오후에.

2. They _____ / _____ / _____ / _____ / _____ this afternoon.
   그들은 / ~할 것이다 / 만나다 / 그들의 친구들을 / 오늘 오후에.

3. They _____ / _____ / _____ talk to their friends _____ / _____.
   그들은 / ~할 것이다 / 이야기하다 / 그들의 친구들에게 / 오늘 오후에.

4. Fred _____ / _____ / _____ / _____ / _____ this afternoon.
   프레드는 / ~할 것이다 / 이야기하다 / 그의 친구에게 / 오늘 오후에.

5. Fred _____ / _____ / _____ call his friend this afternoon.
   프레드는 / ~할 것이다 / 전화하다 / 그의 친구에게 / 오늘 오후에.

6. I _____ going to _____ / _____ / _____ this afternoon.
   나는 / ~할 것이다 / 전화하다 / 내 친구에게 / 오늘 오후에.

7. _____ am _____ / _____ / _____ with my friend next weekend.
   나는 / ~할 것이다 / 공부하다 / 내 친구와 함께 / 다음 주말에.

8. She _____ / _____ to _____ / _____ / _____ next weekend.
   그녀는 / ~할 것이다 / 공부하다 / 그녀의 친구와 함께 / 다음 주말에.

9. _____ / _____ / _____ prepare for the exam _____ / _____.
   그녀는 / ~할 것이다 / 대비하다 / 시험에 / 다음 주말에.

10. We _____ / _____ / _____ / _____ / _____ / _____ next weekend.
    우리는 / ~할 것이다 / 대비하다 / 시험에 / 다음 주말에.

1 우리는 쇼핑하러 갈 거야.

We _____ _____ _____ go shopping.

2 우리는 낚시하러 갈 거야.

_____ _____ _____ _____ _____ fishing.

3 내[우리] 아버지는 낚시하러 가실 거야.

우리말에서는 다른 형제가 없더라도 보통 '우리 아버지'라고 말하지만, 영어에서는 다른 형제와 함께 있지 않은 상황에서는 my father라고 해.

My father _____ _____ _____ _____ _____.

4 내[우리] 아버지는 하이킹하러 가실 거야.

_____ _____ _____ _____ _____ _____ hiking.

5 내[우리] 형은 하이킹하러 갈 거야.

도전! 문장 쓰기

_____ _____ _____ _____ _____ _____ _____

6 내[우리] 형은 캠핑하러 갈 거야.

My brother _____ _____ _____ _____ camping.

7 수지는 캠핑하러 갈 거야.

Susie _____ _____ _____ _____ _____.

8 수지와 프레드는 스키 타러 갈 거야.

Susie and Fred _____ _____ _____ _____ skiing.

9 그들은 이번 주말에 스키 타러 갈 거야.

_____ _____ _____ _____ _____ _____ this weekend.

10 그들은 이번 주말에 박물관에 갈 거야.

도전! 문장 쓰기

_____

11 그들은 이번 주말에 박물관을 방문할 거야.

_____ _____ _____ _____ visit the museum this weekend.

12 제인은 이번 주말에 박물관을 방문할 거야.

Jane is going to _____ _____ _____ this weekend.

13 제인은 이번 주말에 수족관을 방문할 거야.

Jane _____ _____ _____ _____ the aquarium _____ _____.

도전! 문장 쓰기

14 제인과 나는 이번 주말에 수족관을 방문할 거야.

_____

15 나는 다음 달에 수족관을 방문할 거야.

I _____ _____ _____ visit the aquarium next month.

16 나는 다음 달에 파티를 열 거야.

_____ am _____ to have a party _____ _____.

도전! 문장 쓰기

17 우리는 다음 달에 파티를 열 거야.

_____

18 우리는 다음 달에 야구를 할 거야.

We _____ _____ to _____ baseball next month.

😺 **알아두면 좋아요**

be going to와 will은 어떻게 다를까?

It's going to rain this afternoon.

be going to: 객관적으로 제시할 만한 근거를 갖고 추측하는 경우에 사용해.

▶ 일기예보를 듣거나 하늘에 낀 먹구름을 보고 예측하는 상황

It will rain this afternoon.

will: 근거 없이 주관적인 생각으로 예상 하거나 추측하는 경우에 사용해.

▶ 오늘 오후에 비가 올 것 같다고 막연하게 추측하는 상황

바빠 영문법 02 He's not going to buy a cap.

그는 모자를 사지 않을 거야.

❂ be going to의 부정문은 be동사 바로 뒤에 not을 쓴다

'~하지 않을 거야'라고 부정할 때도 **부정어 not** 하나면 해결돼! 다만 위치를 주의해야 해. is 나 are와 같은 be동사 바로 뒤에 not을 넣어야 한다는 거야. 'He is a student.'의 부정문은 be동사 다음에 not을 써서 'He is **not** a student.'로 썼지? be going to의 부정문도 마찬 가지야.

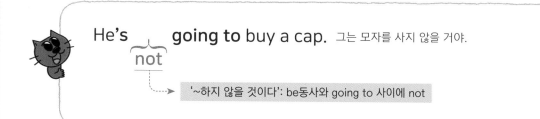

He's ___ going to buy a cap. 그는 모자를 사지 않을 거야.

not

'~하지 않을 것이다': be동사와 going to 사이에 not

are not going to
↓
aren't going to

is not going to
↓
isn't going to

✏️ 쓰면서 확인해 봐요!

미래 시제(be going to)의 긍정문	미래 시제(be going to)의 부정문
I'm going to work today. 나는 오늘 일할 거야.	I'm[1] _____ work today. 나는 오늘 일하지 않을 거야.
They're going to be there. 그들은 거기에 갈 거야.	They [2] _____ be there. 그들은 거기에 가지 않을 거야.
She's going to eat potatoes. 그녀는 감자를 먹을 거야.	She [3] _____ eat potatoes. 그녀는 감자를 먹지 않을 거야.

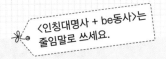

그는 / ~할 것이다   / 게임을 하다.
He's going to play the games.

1

_____ _____ _____ _____ _____ the games.

그는 / ~하지 않을 것이다   / 게임을 하다.

나는 / ~할 것이다   / 음악을 듣다.
I'm going to listen to music.

2

_____ _____ _____ _____ _____ to music.

나는 / ~하지 않을 것이다   / 음악을 듣다.

그들은 / ~할 것이다   / 영화를 보다.
They're going to watch a movie.

3

_____ _____ _____ _____ _____ a movie.

그들은 / ~하지 않을 것이다   / 영화를 보다.

(비인칭 주어) / ~할 것이다 / 비가 오다 / 일요일에.
It's going to rain on Sunday.

4

_____ _____ _____ _____ on Sunday.

(비인칭 주어) / ~하지 않을 것이다   / 비가 오다   / 일요일에.

그는 / ~할 것이다   / 세차하다.
He's going to wash his car.

5

_____ _____ _____ _____ _____ his car.

그는 / ~하지 않을 것이다   / 세차하다.

우리는 / ~할 것이다   / 나무를 심다.
We're going to plant the trees.

6

_____ _____ _____ _____ _____ the trees.

우리는 / ~하지 않을 것이다   / 나무를 심다.

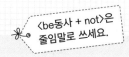
① Fred _____ _____ _____ stay home.
프레드는 / ~하지 않을 것이다   / 집에 있다.

② They _____ _____ _____ _____ home.
그들은   / ~하지 않을 것이다   / 집에 있다.

③ _____ _____ _____ _____ _____ the windows.
그들은   / ~하지 않을 것이다   / 창문을 닦다.

④ Susie _____ _____ _____ clean the windows.
수지는   / ~하지 않을 것이다   / 창문을 닦다.

⑤ _____ _____ _____ _____ close the windows.
수지는   / ~하지 않을 것이다   / 창문을 닫다.

⑥ _____ _____ _____ _____ _____ _____ the windows.
나는   / ~하지 않을 것이다   / 창문을 닫다.

⑦ I _____ _____ _____ to open _____ _____.
나는 / ~하지 않을 것이다   / 문을 열다.

⑧ We _____ _____ _____ _____ the door.
우리는 / ~하지 않을 것이다   / 문을 열다.

⑨ We _____ _____ _____ fix the bike.
우리는 / ~하지 않을 것이다   / 자전거를 고치다.

⑩ We _____ _____ _____ the bike.
우리는 / ~하지 않을 것이다   / 자전거를 고치다.

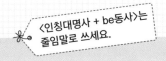

<인칭대명사 + be동사>는 줄임말로 쓰세요.

그녀는 커피를 마시지 않을 거야.

1 She's _____ _____ _____ drink coffee.

그녀는 우유를 마시지 않을 거야.

2 _____ _____ _____ _____ milk.

도전! 문장 쓰기

그들은 우유를 마시지 않을 거야.

3 _____

그들은 우유를 사지 않을 거야.

4 They're _____ _____ _____ buy milk.

그는 우유를 사지 않을 거야.

5 _____ _____ _____ to _____ milk.

그는 감자를 사지 않을 거야.

6 _____ _____ _____ _____ buy potatoes.

나는 감자를 사지 않을 거야.

7 I'm _____ _____ _____ buy _____.

나는 감자를 먹지 않을 거야.

8 _____ _____ _____ to eat potatoes.

도전! 문장 쓰기

그녀는 감자를 먹지 않을 거야.

9 _____

그녀는 고구마를 먹지 않을 거야.

10 She's _____ _____ _____ _____ sweet potatoes.

11 우리는 고구마를 먹지 않을 거야.

We're _____ _____ _____ _____ _____ _____.

12 우리는 고구마를 삶지 않을 거야.

_____ _____ _____ _____ boil sweet potatoes.

13 제인은 고구마를 삶지 않을 거야.

Jane _____ _____ _____ _____ _____ sweet potatoes.

14 제인은 계란을 삶지 않을 거야.

도전! 문장 쓰기

_____

15 그들은 계란을 삶지 않을 거야.

_____ _____ _____ to _____ eggs.

16 그들은 계란을 부치지 않을 거야.

_____ _____ _____ _____ fry eggs.

17 나는 계란을 부치지 않을 거야.

도전! 문장 쓰기

_____

18 나는 닭을 튀기지 않을 거야.

I'm _____ _____ _____ fry _____.

알아두면 좋아요

현재진행 시제가 미래 시제를 대신할 수 있다

왕래발착[오다(come), 가다(go), 출발하다(leave), 도착하다(arrive)]의 의미가 있는 동사들이 미래 시점을 나타내는 말들과 함께 현재진행 시제로 쓰이면 미래에 일어날 일임을 나타내기도 해.

① I'm going to the park.(나는 공원에 가는 중이야.)
② I'm going to the park tomorrow.(나는 내일 공원에 갈 거야.)

①은 '공원에 가고 있는 중'이라는 진행의 의미이지만, ②는 가다(go) 라는 의미의 동사가 tomorrow와 같은 미래 시점을 나타내는 말과 함께 쓰여 '내일 공원에 갈 거야.'라는 미래의 의미가 되는 거지.

미래 시제(be going to)의 의문문

Are you going to buy a cap?
너는 모자를 살 거니?

Unit 03 듣기

✪ 물어볼 때는 be동사(am, are, is)를 주어 앞으로!

'~할 거니?'라고 물어볼 때는 be동사(am, are, is)를 주어 앞으로 보내기만 하면 되는 거야!

You are going to buy a cap. 너는 모자를 살 거야.

be동사를 주어 앞으로!

Are **you** going to buy a cap? 너는 모자를 살 거니?

✪ 응답은 Yes 또는 No로 간단하게

✏️ 쓰면서 확인해 봐요!

미래 시제(be going to)의 의문문	긍정의 대답	부정의 대답
Are you going to buy a cap? 너는 모자를 살 거니?	**Yes**, I am.	**No**, I'm not.
1 _____ they going to buy a cap? 그들은 모자를 살 거니?	**Yes**, they are.	**No**, they 2 _____.
Is he going to buy a cap? 그는 모자를 살 거니?	**Yes**, he is.	**No**, he isn't.
3 _____ it going to snow tomorrow? 내일 눈이 올까?	**Yes**, it is.	**No**, it isn't.

No, he is not.으로
대답해도 되고
No, he isn't.로
대답해도 돼.

1 Are 2 aren't 3 Is

1

그녀는 / ~할 것이다 / 공부하다 / 해외에서.
She**'s going to** study abroad.

_____ _____ _____ _____ _____ abroad?
~이니 / 그녀는 / ~할 예정인 / 공부하다 / 해외에서?

2

너는 / ~할 것이다 / 테니스를 치다.
You**'re going to** play tennis.

_____ _____ _____ _____ tennis?
~이니 / 너는 / ~할 예정인 / 테니스를 치다?

3

그들은 / ~할 것이다 / 애완동물을 기르다.
They**'re going to** keep a pet.

_____ _____ _____ _____ _____ a pet?
~이니 / 그들은 / ~할 예정인 / 애완동물을 기르다?

4

(비인칭 주어) / ~할 것이다 / 비가 오다 / 이번 주말에.
It**'s going to** rain this weekend.

_____ _____ _____ _____ _____ this weekend?
~이니 / (비인칭 주어) / ~할 예정인 / 비가 오다 / 이번 주말에?

5

그는 / ~할 것이다 / 스미스 씨를 만나다 / 내일.
He**'s going to** see Mr. Smith tomorrow.

_____ _____ _____ _____ _____ Mr. Smith tomorrow?
~이니 / 그는 / ~할 예정인 / 스미스 씨를 만나다 / 내일?

6

그들은 / ~할 것이다 / 13살이 되다 / 이번 달에.
They**'re going to** be 13 years old this month.

_____ _____ _____ _____ _____ 13 years old this month?
~이니 / 그들은 / ~할 예정인 / 13살이 되다 / 이번 달에?

23

1 _____ _____ _____ _____ be 12 years old next month? — Yes, I am.
~이니 / 너는 / ~할 예정인 / 12살이 되다 / 다음 달에? 응, 그래.

2 _____ _____ _____ _____ _____ 12 years old _____ month? — No, she isn't.
~이니 / 그녀는 / ~할 예정인 / 12살이 되다 / 다음 달에? 아니, 안 그래.

3 _____ _____ _____ _____ be 2 years old _____ _____? — No, it isn't.
~이니 / 그것은 / ~할 예정인 / 2살이 되다 / 이번 달에? 아니, 안 그래.

4 Is it _____ _____ _____ this month? — Yes, it is.
~이니 / (비인칭 주어) / ~할 예정인 / 비가 오다 / 이번 달에? 응, 그래.

5 _____ _____ _____ _____ _____ cloudy tonight? — No, it isn't.
~이니 / (비인칭 주어) / ~할 예정인 / 흐리다 / 오늘 밤? 아니, 안 그래.

6 _____ it going to _____ _____ tomorrow? — _____, _____ is.
~이니 / (비인칭 주어) / ~할 예정인 / 흐리다 / 내일? 응, 그래.

7 _____ _____ _____ _____ arrive on time? — _____, it _____.
~이니 / 그것은 / ~할 예정인 / 도착하다 / 정시에? 응, 그래.

8 _____ we going to _____ _____ _____? — _____, we _____.
~이니 / 우리는 / ~할 예성인 / 노착하나 / 정시에? 아니, 안 그래.

9 Are _____ _____ _____ leave on time? — Yes, _____ are.
~이니 / 우리는 / ~할 예정인 / 떠나다 / 정시에? 응, 그래.

10 _____ he _____ _____ _____ on time? — Yes, _____ _____.
~이니 / 그는 / ~할 예정인 / 떠나다 / 정시에? 응, 그래.

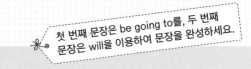

첫 번째 문장은 be going to를, 두 번째 문장은 will을 이용하여 문장을 완성하세요.

곧 눈이 올까?

1 Is _____ _____ _____ snow soon?

⇨ Will it _____ soon?

곧 비가 올까?

2 _____

⇨ _____ _____ _____ soon?

그것이 곧 도착할까?

3 _____ _____ _____ _____ arrive soon?

⇨ _____ _____ _____ soon?

그 버스가 곧 도착할까?

4 Is the _____ _____ _____ _____ soon?

⇨ _____ _____ _____ _____ soon?

그들이 곧 도착할까?

5 _____

⇨ Will they _____ soon?

그들이 내일 도착할까?

6 _____ they _____ _____ arrive _____?

⇨ _____

그들이 내일 일할까?

7 _____ _____ _____ _____ work tomorrow?

⇨ _____ _____ _____ tomorrow?

너는 내일 일할 거니?

8 Are you _____ _____ _____ _____?

⇨ _____ _____ _____ tomorrow?

너는 오늘 일할 거니?

9 Are you _____ _____ _____ today?

⇨ _____

너는 오늘 그 영화를 볼 거니?

10 Are you _____ _____ _____ the movie today?

⇨ _____ _____ see the movie today?

그는 오늘 그 영화를 볼까?

11 _____

⇨ _____ _____ _____ the movie today?

그는 그 사진을 볼까?

12 _____ _____ _____ _____ see the picture?

⇨ _____

그는 사진을 찍을까?

13 _____ he _____ to _____ pictures?

⇨ _____ _____ take pictures?

그녀는 사진을 찍을까?

14 _____

⇨ _____ she _____ pictures?

01 비교하면 답이 보인다!

1

나는 / 입을 것이다 / 청바지를.
I'm going to wear blue jeans.

_____ _____ _____ _____ blue jeans.
나는 / 입지 않을 것이다 / 청바지를.

2

그들은 / 먹을 것이다 / 햄버거를.
They're going to eat hamburgers.

_____ _____ _____ _____ _____ hamburgers.
그들은 / 먹지 않을 것이다 / 햄버거를.

3

(비인칭 주어) / ~일 것이다 / 따뜻한.
It's going to be warm.

_____ _____ _____ _____ warm.
(비인칭 주어) / ~이지 않을 것이다 / 따뜻한.

4

너는 / 만들 것이다 / 핫도그를.
You're going to make a hot dog.

_____ _____ _____ _____ a hot dog?
~이니 / 너는 / 만들 예정인 / 핫도그를?

5

그는 / 할 것이다 / 야구를.
He's going to play baseball.

_____ _____ _____ _____ baseball?
~이니 / 그는 / 할 예정인 / 야구를?

27

1 _____ _____ to prepare for the trip.
그녀는 여행 준비를 할 거야.

2 She's _____ _____ _____ _____ for the trip.
그녀는 여행 준비를 하지 않을 거야.

3 They're not going to _____ _____ _____ _____.
그들은 여행 준비를 하지 않을 거야.

4 _____ _____ _____ _____ prepare for it.
그들은 그것에 대한 준비를 하지 않을 거야.

5 _____
그들은 그것에 대한 준비를 할 거야.

6 They're _____ _____ book it.
그들이 그것을 예약할 거야.

7 _____
그들이 그것을 예약할 거니?

8 _____ _____ _____ _____ book it?
그녀가 그것을 예약할 거니?

9 Is she _____ _____ _____ a flight?
그녀가 비행기를 예약할 거니?

10 _____ _____ _____ to book a flight?
너는 비행기를 예약할 거니?

⑪ _____

그가 비행기를 예약할 거니?

⑫ _____ he _____ _____ _____ a restaurant?

그는 레스토랑을 예약할 거니?

⑬ _____ _____ _____ _____ eat at the Chinese restaurant?

그는 그 중국 식당에서 식사할 거니?

⑭ He is _____ to _____ _____ the Chinese restaurant.

그는 그 중국 식당에서 식사할 거야.

⑮ I _____ _____ _____ _____ at the Chinese restaurant.

나는 그 중국 식당에서 식사할 거야.

⑯ I am _____ _____ _____ eat at the _____ _____ .

나는 그 중국 식당에서 식사하지 않을 거야.

⑰ _____

나는 그 카페테리아에서 식사하지 않을 거야.

⑱ _____ _____ _____ _____ _____ eat at the cafeteria.

우리는 그 카페테리아에서 식사하지 않을 거야.

 알아두면 좋아요

필수 단어 prepare for ~에 대한 준비를 하다 trip 여행 book 예약하다; 책 flight 비행기, 항공편

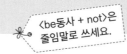

1 우리 부모님은 TV를 보실 거야.

My parents _____ _____ _____ watch TV.

2 우리 부모님은 TV를 보시지 않을 거야.

My parents _____ _____ _____ _____ TV.

3 우리 아버지는 TV를 보시지 않을 거야.

도전! 문장 쓰기

_____

4 우리 아버지는 쉬지 않으실 거야.

My father _____ _____ _____ take a rest.

5 나는 쉬지 않을 거야.

I _____ _____ going to _____ _____ _____.

6 너는 쉴 거니?

도전! 문장 쓰기

_____

7 너는 일본어를 배울 거니?

_____ _____ _____ _____ learn Japanese?

8 그는 일본어를 배울 거니?

_____ _____ going to _____ Japanese?

9 그는 일본어를 배울 거야.

_____ _____ _____ learn Japanese.

10 그는 일본어를 배우지 않을 거야.

He _____ _____ _____ learn _____.

11 그는 일본으로 여행 가지 않을 거야.

_____ _____ _____ _____ travel to Japan.

12 그들은 일본으로 여행 가지 않을 거야.

They _____ _____ _____ _____ to Japan.

도전! 문장 쓰기

13 그들은 이탈리아로 여행 갈 거야.

_____

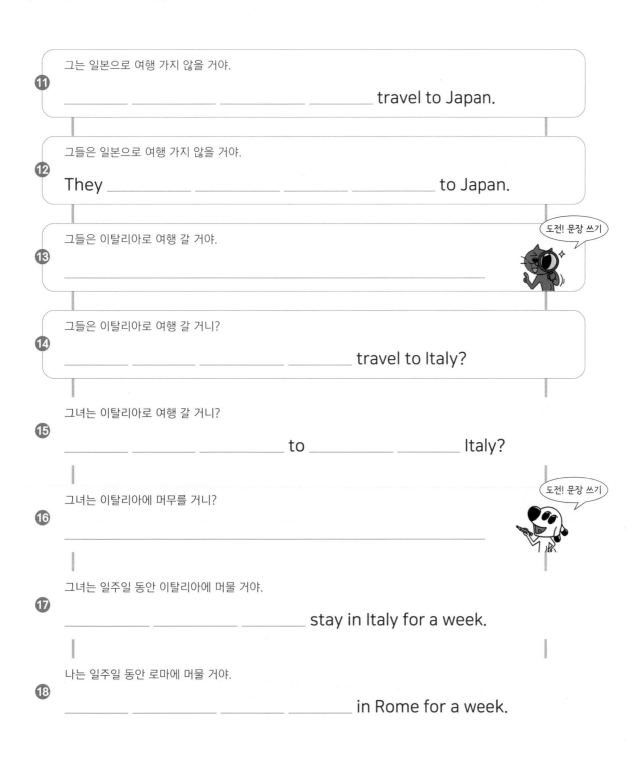

14 그들은 이탈리아로 여행 갈 거니?

_____ _____ _____ _____ travel to Italy?

15 그녀는 이탈리아로 여행 갈 거니?

_____ _____ _____ to _____ _____ Italy?

도전! 문장 쓰기

16 그녀는 이탈리아에 머무를 거니?

_____

17 그녀는 일주일 동안 이탈리아에 머물 거야.

_____ _____ _____ stay in Italy for a week.

18 나는 일주일 동안 로마에 머물 거야.

_____ _____ _____ _____ in Rome for a week.

 알아두면 좋아요

필수 단어 take a rest 쉬다 learn 배우다 Japanese 일본어 travel 여행하다 Italy 이탈리아 stay 머무르다
for a week 일주일 동안 Rome 로마

★ '~할 수 있다'라는 뜻의 can

can(할 수 있다)은 능력이나 가능성을 나타내는 말로 동사 앞에 써 주면 돼. 이렇게 동사 앞에 쓰여 도움을 주는 동사를 조동사라고 해.

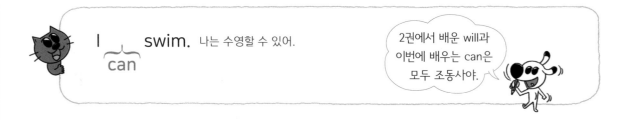

★ can 다음에는 항상 동사원형으로!

can을 쓸 때 한 가지 주의할 점!! 주어가 누구든 무엇이든 상관없이, **can 뒤에는 항상 동사원형**을 써 주어야 해.

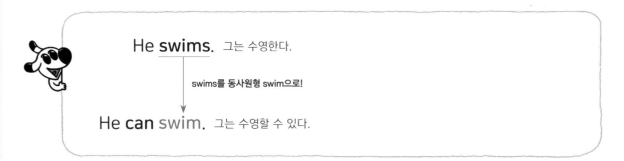

★ can의 형태는 어떤 주어가 와도 변하지 않는다

3인칭 단수 주어 she, he, it일 때도 can의 형태는 변하지 않아.

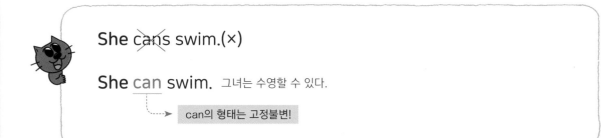

1

나는 / 말한다 / 스페인어로.
I speak Spanish.

I _____ _____ Spanish.
나는 / 말할 수 있다 / 스페인어로.

2

그녀는 / 운전한다.
She drives.

She _____ _____.
그녀는 / 운전할 수 있다.

3

우리는 / 연주한다 / 기타를.
We play the guitar.

We _____ _____ the guitar.
우리는 / 연주할 수 있다 / 기타를.

4

그들은 / 수영한다.
They swim.

They _____ _____.
그들은 / 수영할 수 있다.

5

그는 / 달린다 / 매우 빨리.
He runs very fast.

He _____ _____ very fast.
그는 / 달릴 수 있다 / 매우 빨리.

6

너는 / 뛴다 / 높이.
You jump high.

You _____ _____ high.
너는 / 뛸 수 있다 / 높이.

33

1 Fred _____ _____ the piano.
프레드는 / 연주할 수 있다 / 피아노를.

2 _____ _____ _____ the violin.
프레드는 / 연주할 수 있다 / 바이올린을.

3 I _____ play _____ _____.
나는 / 연주할 수 있다 / 바이올린을.

4 I _____ _____ music.
나는 / 연주할 수 있다 / 음악을.

5 Everyone _____ _____ _____.
누구나 / 연주할 수 있다 / 음악을.

6 Everyone _____ _____.
누구나 / 춤출 수 있다.

7 _____ _____ _____ very well.
그는 / 춤출 수 있다 / 매우 잘.

8 _____ _____ _____ very well.
그는 / 운전할 수 있다 / 매우 잘.

9 He _____ _____ a bike very well.
그는 / 탈 수 있다 / 자전거를 / 매우 잘.

10 _____ _____ ride _____ _____ very well.
그녀는 / 탈 수 있다 / 자전거를 / 매우 잘.

🐱 **문제로 문법 정리**

괄호 안의 단어 중 알맞은 것을 고르세요.

1. Jane (can / cans) play the guitar.

2. Mr. Smith can (swims / swim) very well.

1

나는 아랍어를 쓸 수 있다.

I _____ write Arabic.

2

나는 아랍어를 읽을 수 있다.

I _____ _____ Arabic.

3

나는 러시아어를 읽을 수 있다.

_____ _____ _____ Russian.

4

그녀는 러시아어를 읽을 수 있다.

도전! 문장 쓰기

_____

5

그녀는 러시아어를 쓸 수 있다.

_____ _____ _____ Russian.

6

그녀는 러시아어로 말할 수 있다.

She _____ _____ _____.

7

그녀는 러시아어를 이해할 수 있다.

She _____ understand _____.

8

그녀는 독일어를 이해할 수 있다.

_____ _____ _____ German.

9

그녀는 독일어를 읽을 수 있다.

She _____ _____ _____.

10

그녀는 독일어를 쓸 수 있다.

She _____ _____ German.

11 그녀는 독일어로 말할 수 있다.

도전! 문장 쓰기

_____

12 그녀는 프랑스어로 말할 수 있다.

_____ _____ speak French.

13 그들은 프랑스어로 말할 수 있다.

_____ _____ _____ French.

14 그들은 프랑스어를 이해할 수 있다.

도전! 문장 쓰기

_____

15 그들은 프랑스어를 읽을 수 있다.

They _____ _____ French.

16 그들은 프랑스어를 쓸 수 있다.

They _____ _____ _____.

17 그들은 일본어를 쓸 수 있다.

They _____ _____ Japanese.

18 그는 일본어를 쓸 수 있다.

도전! 문장 쓰기

_____

 알아두면 좋아요

필수 단어 write 쓰다 read 읽다 speak 말하다 understand 이해하다

국가를 나타내는 단어 Korea 한국 Russia 러시아 Germany 독일 France 프랑스 Japan 일본 China 중국 America 미국
Spain 스페인

언어를 나타내는 단어 Korean 한국어 Russian 러시아어 German 독일어 French 프랑스어 Japanese 일본어 Chinese 중국어
English 영어 Spanish 스페인어 Arabic 아랍어

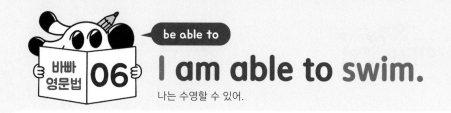

나는 수영할 수 있어.

⭐ be able to도 can처럼 '~할 수 있다'라는 뜻

'~할 수 있다'라는 뜻을 나타낼 때 can 대신에 **be able to**를 쓸 수도 있어. 이때 be동사 자리에는 am, are, is를 쓸 수 있다는 거 이제 알지?

I **am able to** swim. 나는 수영할 수 있어.

⌐⌐> be able to = can

= I **can** swim. 나는 수영할 수 있어.

⭐ be able to 뒤에도 항상 동사원형으로!

be able to 뒤에도 can과 마찬가지로 **항상 동사원형**을 써 주어야 해.

She **swims**. 그녀는 수영한다.

동사원형으로!

She **is able to** swim. 그녀는 수영할 수 있어.

⭐ am, are, is의 주어 짝꿍은 그대로!

주어	be able to	예문
I	am able to	**I** am able to speak English. 나는 영어로 말할 수 있어.
You / We / They	are able to	**You** are able to speak English. 너는 영어로 말할 수 있어.
He / She / It	is able to	**He** is able to speak English. 그는 영어로 말할 수 있어.

01 비교하면 답이 보인다!

1

나는 / 말할 수 있다 / 프랑스어로.
I can speak French.

= I _____ _____ _____ _____ French.

2

그녀는 / 운전할 수 있다.
She can drive.

= She _____ _____ _____ _____.

3

우리는 / 연주할 수 있다 / 플루트를.
We can play the flute.

= We _____ _____ _____ _____ the flute.

4

그들은 / 수영할 수 있다.
They can swim.

= They _____ _____ _____ _____.

5

그는 / 걸을 수 있다 / 매우 빨리.
He can walk very fast.

= He _____ _____ _____ _____ very fast.

6

너는 / 뛸 수 있다 / 높이.
You can jump high.

= You _____ _____ _____ _____ high.

Word Check

플루트
☐ l u t e

38

1 John _____ _____ _____ two languages.
존은 / 말할 수 있다 / 2개의 언어를.

2 They _____ _____ _____ two languages.
그들은 / 말할 수 있다 / 2개의 언어를.

3 I _____ _____ _____ speak _____ _____.
나는 / 말할 수 있다 / 2개의 언어를.

4 I _____ _____ _____ _____ on my head.
나는 / 설 수 있다 / 물구나무를[나의 머리로].

5 Susie _____ _____ _____ stand on _____ head.
수지는 / 설 수 있다 / 물구나무를[그녀의 머리로].

6 We _____ _____ _____ _____ _____ our heads.
우리는 / 설 수 있다 / 물구나무를[우리의 머리로].

7 Fred _____ _____ _____ stand _____ his _____.
프레드는 / 설 수 있다 / 물구나무를[그의 머리로].

8 Fred _____ _____ _____ stand _____ his hands.
프레드는 / 설 수 있다 / 물구나무를[그의 손으로].

stand on one's hands

9 You _____ _____ _____ _____ on _____ _____.
너는 / 설 수 있다 / 물구나무를[너의 손으로].

10 I _____ able _____ stand _____ _____ _____.
나는 / 설 수 있다 / 물구나무를[나의 손으로].

1 나는 다이빙과 수영을 할 수 있어.

I _____ _____ _____ dive and swim.

2 그는 다이빙과 수영을 할 수 있어.

도전! 문장 쓰기

_____

3 그는 강에서 수영할 수 있어.

He _____ _____ _____ _____ in the river.

4 우리는 강에서 수영할 수 있어.

We _____ _____ _____ swim _____ the river.

5 그녀와 나는 수영할 수 있어.

She and I are _____ _____ swim.

6 그녀와 나는 벽을 타고 오를 수 있어.

She and I are _____ _____ _____ up the wall.

7 그녀는 벽을 타고 오를 수 있어.

She _____ _____ _____ climb up the wall.

8 나는 벽을 타고 오를 수 있어.

도전! 문장 쓰기

_____

9 나는 자전거를 탈 수 있어.

I _____ _____ _____ ride a bike.

내 여동생은 자전거를 탈 수 있어.

⑩ My sister _____ _____ _____ _____ _____.

도전! 문장 쓰기

내 여동생들은 자전거를 탈 수 있어.

⑪ _____

내 여동생들은 차를 운전할 수 있어.

⑫ My sisters _____ _____ _____ _____ a car.

내 사촌들은 차를 운전할 수 있어.

⑬ My cousins _____ _____ _____ _____ _____.

내 사촌은 차를 운전할 수 있어.

⑭ _____ _____ _____ _____ _____ drive a car.

그녀는 차를 운전할 수 있어.

⑮ _____ _____ _____ _____ drive a car.

그녀는 노래를 매우 잘할 수 있어.

⑯ She _____ _____ _____ _____ very well.

그들은 노래를 매우 잘할 수 있어.

⑰ They _____ _____ _____ sing very well.

도전! 문장 쓰기

그들은 노래와 춤을 매우 잘할 수 있어.

⑱ _____

can/be able to의 부정문

I can't swim.
나는 수영할 수 없어.

⭐ '~할 수 없다'라고 할 때는 can 뒤에 not을 쓴다

할 수 있는 능력이나 가능성이 없기 때문에 '~할 수 없어' 또는 '~하지 못해'라고 할 때 역시 **부정어 not 하나면 해결돼!** can 바로 뒤에 not을 넣으면 되는 거지! 물론 부정문이어도 똑같이 **cannot 뒤에는 동사원형**을 써야 해.

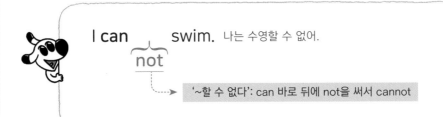

I can　　swim. 나는 수영할 수 없어.

not

'~할 수 없다': can 바로 뒤에 not을 써서 cannot

⭐ 줄임말로 쓸 수 있다

can의 부정형은 **can't**로 줄여 쓸 수 있어.

He cannot swim. ——▶ He can't swim.
그는 수영할 수 없어.

⭐ cannot(=can't) 대신 be not able to를 쓸 수도 있다

부정문에서 can 대신 be able to를 사용할 때에는 **be동사 뒤에 not**을 넣으면 돼.

주어	be not able to	예문
I	am not able to	I am not able to speak English. 나는 영어로 말할 수 없어.
You / We / They	aren't able to	You aren't able to speak English. 너는 영어로 말할 수 없어.
He / She / It	isn't able to	He isn't able to speak English. 그는 영어로 말할 수 없어.

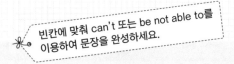

나는 / 말할 수 없다　　　/ 러시아어로.
I can't speak Russian.

1

= I _____ _____ **able to speak** Russian.

그녀는　/ 운전할 수 없다　　　　　/ 차를.
She _____ **drive** a car.

2

= She isn't _____ _____ _____ a car.

우리는 / 연주할 수 없다　　　　/ 드럼을.
We _____ **play** the drums.

3

= We _____ _____ _____ _____ the drums.

그들은　　/ 스키를 탈 수 없다.
They _____ **ski.**

4

= They _____ _____ _____ _____ .

그는　/ 달릴 수 없다　　　/ 매우 빨리.
He _____ **run** very fast.

5

= He _____ _____ _____ _____ very fast.

우리는 / 할 수 없다　　　　　/ 배구를　　　/ 함께.
We _____ **play** volleyball together.

6

= We _____ _____ _____ _____ volleyball together.

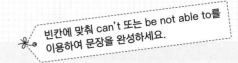

빈칸에 맞춰 can't 또는 be not able to를 이용하여 문장을 완성하세요.

1 The man _____ build a new house.
그 남자는 / 지을 수 없다 / 새 집을.

2 The man _____ _____ to build a new house.
그 남자는 / 지을 수 없다 / 새 집을.

3 We _____ _____ _____ _____ a new house.
우리는 / 지을 수 없다 / 새 집을.

4 We _____ build a _____ _____.
우리는 / 지을 수 없다 / 새 집을.

5 We _____ _____ the house.
우리는 / 청소할 수 없다 / 집을.

6 _____ _____ clean the house.
그녀는 / 청소할 수 없다 / 집을.

문제로 문법 정리

두 문장을 모두 부정문으로 바꿀 때 not 이 들어갈 위치를 고르세요.

She (①) can(②) paint (③) the wall.

= She (①) is (②) able to (③) paint the wall.

7 _____ _____ _____ _____ clean the house.
그녀는 / 청소할 수 없다 / 집을.

8 I _____ _____ _____ _____ the house.
나는 / 청소할 수 없다 / 집을.

9 I _____ _____ _____ _____ paint the house.
나는 / 페인트칠을 할 수 없다 / 집을.

10 I _____ _____ the house.
나는 / 페인트칠을 할 수 없다 / 집을.

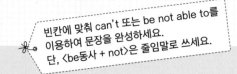

빈칸에 맞춰 can't 또는 be not able to를 이용하여 문장을 완성하세요. 단, 〈be동사 + not〉은 줄임말로 쓰세요.

1 우리 할머니는 컴퓨터를 사용할 수 없다.

My grandma _____ able _____ use a computer.

2 우리 조부모님은 컴퓨터를 사용할 수 없다.

My grandparents _____ _____ _____ _____ _____.

3 우리 조부모님은 스마트폰을 사용할 수 없다.

My grandparents _____ _____ _____ _____ a smartphone.

4 우리 조부모님은 스마트폰을 사용할 수 없다.

_____ _____ _____ _____ a smartphone.

5 우리 할아버지는 스마트폰을 사용할 수 없다.

My grandpa _____ _____ a smartphone.

6 그는 스마트폰을 사용할 수 없다. (can't 이용)

도전! 문장 쓰기

_____

7 그는 이메일을 보낼 수 없다.

He _____ send emails.

8 그는 이메일을 보낼 수 없다.

He _____ able _____ _____ emails.

9 우리는 이메일을 보낼 수 없다. (be not able to 이용)

도전! 문장 쓰기

_____

10 우리는 문자 메시지를 보낼 수 없다.

We _____ _____ _____ _____ text messages.

⑪ 우리는 문자 메시지를 보낼 수 없다.

_____ _____ send text messages.

⑫ 그녀는 문자 메시지를 보낼 수 없다.

_____ _____ _____ text messages.

⑬ 그녀는 문자 메시지를 보낼 수 없다. (be not able to 이용)

도전! 문장 쓰기

_____

⑭ 그녀는 문자 메시지를 받을 수 없다.

_____ _____ _____ to receive text messages.

⑮ 나는 문자 메시지를 받을 수 없다.

I _____ _____ _____ _____ _____ text messages.

⑯ 나는 문자 메시지를 받을 수 없다.

_____ _____ receive text messages.

⑰ 그들은 문자 메시지를 받을 수 없다.

They _____ _____ text messages.

⑱ 그들은 문자 메시지를 읽을 수 없다. (can't 이용)

도전! 문장 쓰기

_____

 알아두면 좋아요

필수 단어 use 사용하다 send 보내다 email 이메일 text message 문자 메시지 receive 받다

can/be able to의 의문문

Can you swim?

너는 수영할 수 있니?

✪ 물어볼 때는 can을 주어 앞으로

'~할 수 있니?'라고 물어볼 때는 can을 주어 앞으로 보내기만 하면 되는 거야! be able to를 의문문에 쓸 때는 be동사 am, are, is만 주어 앞으로 보내면 되는 것도 짐작할 수 있지?

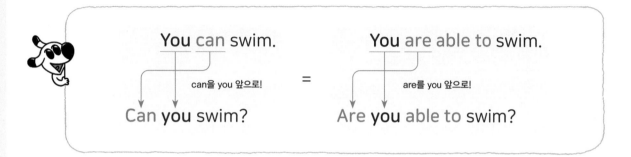

You can swim.

can을 you 앞으로!

=

You are able to swim.

are를 you 앞으로!

Can you swim?

Are you able to swim?

✪ can은 '할 수 있다' 외에 다른 의미도 있다

can은 '능력'이나 '가능성' 외에도 '허가'나 '요청'의 의미도 나타낼 수 있어. be able to는 '능력'이나 '가능성'의 의미만 나타내지. 따라서 can이 '능력'이나 '가능성'의 의미일 때에만 be able to로 바꿔 쓸 수 있으니까 주의해야 해.

의미	can	be able to
능력, 가능성	Can you ski? 너는 스키를 탈 수 있니?	Are you able to ski? 너는 스키를 탈 수 있니?
허가	Can I go out and play? 나가서 놀아도 돼요?	X
요청	Can you help me? 나를 도와줄래?	X

✪ can/be able to의 의문문 대답

의문문	긍정의 대답	부정의 대답
Can you ski?	Yes, I can. 응, 할 수 있어.	No, I can't. 아니, 못해.
Are you able to ski?	Yes, I am. 응, 할 수 있어.	No, I'm not. 아니, 못해.

나는 / 할 수 있다 / 쓰다 / 스페인어를.

1 I **can** write Spanish.

_____ _____ _____ Spanish?

= **Are** you **able to** write Spanish? (능력)

너는 ~할 수 있니   / 쓰다   / 스페인어를?

└ '능력'의 의미를 나타낼 때만 can을 be able to로 바꿔 쓸 수 있어.

나는 / 할 수 있다 / 운전하다.

2 I **can** drive.

_____ _____ _____?

= _____ you _____ _____ _____?

너는 ~할 수 있니   / 운전하다?

너는   / ~해도 좋다 / 집에 가다.

3 You **can** go home.

_____ _____ _____ home? (허가)

~해도 돼요   / 제가   / 집에 가다?

너희는   / ~해도 좋다 / 먹다 / 이 피자를.

4 You **can** eat this pizza.

_____ _____ _____ this pizza? (허가)

~해도 되니   / 우리가   / 먹다   / 이 피자를?

나는 / ~할 수 있다 / 닫다 / 창문을.

5 I **can** close the window.

_____ _____ _____ the window? (요청)

~해 줄 수 있니   / 너는   / 닫다   / 창문을?

나는 / ~할 수 있다 / 돕다 / 너를.

6 I **can** help you.

_____ _____ _____ me? (요청)

~해 줄 수 있니   / 너는   / 돕다   / 나를?

1 A: _____ you speak English?
~할 수 있니 / 너는 / 말하다 / 영어를?

B: Yes, I can. / _____, I _____.
응, 난 할 수 있어. 아니, 난 할 수 없어.

2 A: _____ _____ _____ _____ speak English?
너는 ~할 수 있니 / 말하다 / 영어를?

B: Yes, I _____. / No, _____ _____.
응, 난 할 수 있어. 아니, 난 할 수 없어.

3 A: _____ _____ able to speak English?
그는 ~할 수 있니 / 말하다 / 영어를?

B: Yes, _____ _____. / _____, he _____.
응, 그는 할 수 있어. 아니, 그는 할 수 없어.

4 A: _____ he _____ English?
~할 수 있니 / 그는 / 말하다 / 영어를?

B: Yes, he can. / No, he _____.
응, 그는 할 수 있어. 아니, 그는 할 수 없어.

문제로 문법 정리

괄호 안의 단어 중 알맞은 것을 고르세요.

1. Can she (drive / drives)?

2. (Are / Can) you able to write Japanese?

---

5 A: _____ _____ read English?
~할 수 있니 / 그는 / 읽다 / 영어를?

B: Yes, _____ _____. / No, he _____.
응, 그는 할 수 있어. 아니, 그는 할 수 없어.

6 A: _____ they read English?
~할 수 있니 / 그들은 / 읽다 / 영어를?

B: Yes, they _____. / No, _____ _____.
응, 그들은 할 수 있어. 아니, 그들은 할 수 없어.

1 문을 열어 줄래요?

_____ _____ open the door?

2 문을 열어 주시겠어요?

_____ _____ _____ the door, please?

> 부탁이나 요청을 좀 더 정중하게 할 때는 please를 덧붙일 수 있어.

3 문을 닫아 주시겠어요?

_____ _____ close the door, _____?

4 창문을 닫아 주시겠어요?

_____

> 도전! 문장 쓰기

5 저 좀 도와주시겠어요?

_____ you help me, please?

6 저 좀 도와줄래요?　　　미안하지만, 안 되겠어요.

Can you _____ me? — I'm _____, but I can't.

7 제가 도와 드릴까요?

_____ I help you?

> 점원이 손님을 맞이할 때 주로 쓰는 말이야.

8 제가 이것을 사용해도 될까요?　　　미안하지만, 안 돼요.

_____ _____ use this? — I'm sorry, but you _____.

 알아두면 좋아요

I'm sorry로 대답을 부드럽게!

허락을 해 주지 않거나 요청을 거절할 때 No, you can't.로 답할 수도 있지만, 실생활에서는 상대방이 민망하지 않게 No 대신 I'm sorry.를 써서 부드럽게 답해요.

의문문	긍정의 대답	부정의 대답
Can I go out and play? 나가서 놀아도 돼요?	Yes, you can. 응, 그래도 돼.	I'm sorry, but you can't. 미안하지만, 안 돼.
Can you help me? 나를 도와줄래?	Yes, I can. 응, 도와줄 수 있어.	I'm sorry, but I can't. 미안하지만, 도와줄 수 없어.

9 제가 이것을 먹어도 될까요?　　　　　　　　　네, 돼요.

_____ _____ eat _____? — Yes, you can.

10 저는 나가서 놀아도 돼요?

_____ _____ go out and play?

11 제가 여기서 축구를 해도 될까요?　　　　　　미안하지만, 안 돼요.

_____ _____ _____ soccer here? — _____ _____, but you can't.

12 우리가 여기서 축구를 해도 될까요?

도전! 문장 쓰기

_____

13 너는 축구를 할 수 있니?

_____ _____ play soccer?

14 너는 배드민턴을 칠 수 있니?

_____ _____ _____ badminton?

15 그녀는 배드민턴을 칠 수 있니? (can 이용)

도전! 문장 쓰기

_____

16 그녀는 바이올린을 연주할 수 있니?

_____ _____ play the violin?

17 네 언니는 바이올린을 연주할 수 있니?

Can your sister _____ _____ _____?

18 네 언니들은 바이올린을 연주할 수 있니? (can 이용)

도전! 문장 쓰기

_____

바빠 영문법 09 can/be able to 총정리

Unit 09 듣기

01 비교하면 답이 보인다!

나는 / ~할 수 있다 / 요리하다 / 라면을.
I can cook ramyeon.

1

= I _____ _____ _____ cook ramyeon.

그들은 / ~할 수 있다 / 말하다 / 중국어로.
They can speak Chinese.

2

They _____ speak Chinese.
그들은   / ~할 수 없다   / 말하다   / 중국어로.

그녀는   / ~할 수 있다   / 운전하다.
She _____ _____ _____ drive.

3

She **isn't able to** drive.
그녀는   / ~할 수 없다   / 운전하다.

그는   / ~할 수 있다 / 요리하다.
He can cook. = He _____ _____ _____ cook.

4

_____ he cook? = **Is** he **able to** cook?
~할 수 있니   / 그는 / 요리하다?

너는   / ~할 수 있다   / 가다 / 파티에.
You _____ go to the party.

5

_____ _____ go to the party?
~해도 되나요   / 저는   / 가다 / 파티에?

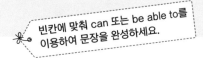
빈칸에 맞춰 can 또는 be able to를 이용하여 문장을 완성하세요.

1 He _____ skate.
그는 스케이트를 탈 수 없어.

2 He _____ _____ _____ skate.
그는 스케이트를 탈 수 없어.

3 They _____ _____ _____ skate.
그들은 스케이트를 탈 수 없어.

4 _____
그들은 스케이트를 탈 수 있어. (can 이용)

5 I _____ _____ _____ skate.
나는 스케이트를 탈 수 있어.

6 _____
나는 스케이트를 탈 수 없어. (be able to 이용)

7 _____ _____ able to ski.
나는 스키를 탈 수 있어.

8 _____
너는 스키를 탈 수 있니? (be able to 이용)

 알아두면 좋아요

~는 스키를 탈 수 있어. / ~는 스키를 못 타. / ~는 스키를 탈 수 있니?

긍정문	부정문	의문문
You **can** ski.	You **can't** ski.	**Can** you ski?
You **are** able to ski.	You **aren't** able to ski.	**Are** you **able** to ski?
She **can** ski.	She **can't** ski.	**Can** she ski?
She **is** able to ski.	She **isn't** able to ski.	**Is** she **able** to ski?

⑨ _____ you ski?
너는 스키를 탈 수 있니?

⑩ _____ _____ help me?
너는 날 도와줄 수 있니?

⑪ _____ I _____ you?
제가 도와 드릴까요?

⑫ _____ I watch TV?
제가 TV를 봐도 돼요?

⑬ _____
제가 그 컴퓨터를 써도 돼요?

⑭ _____ _____ use the computer?
너는 그 컴퓨터를 쓸 수 있니?

⑮ _____ you fix the _____?
너는 그 컴퓨터를 고칠 수 있니?

⑯ _____ _____ _____ _____ fix the computer?
너는 그 컴퓨터를 고칠 수 있니?

⑰ Is she _____ _____ _____ the computer?
그녀는 그 컴퓨터를 고칠 수 있니?

⑱ _____ _____ _____ the computer?
그녀는 그 컴퓨터를 고칠 수 있니?

알아두면 좋아요

Can I help you?로 물어볼 때 대답은 어떻게 할까?

Can I help you?는 매장에서 점원이 손님에게 자주 사용하는 말로 점원의 도움이 필요하면 Yes, please., 반대로 점원의 도움이 필요하지 않다면 No, thank you.라고 대답하면 돼.

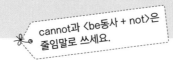

cannot과 <be동사 + not>은
줄임말로 쓰세요.

1 우리 아버지가 그 자전거를 고칠 수 있어.

My father _____ fix the bike.

my의 직접적인 뜻은 '나의'이지만 우리말로는 주로 '나의 아버지'가 아닌 '우리 아버지'라고 하니까 자연스럽게 해석하려면 '우리 아버지'라고 하는 게 좋아.

2 우리 아버지는 그 자전거를 고칠 수 없어.

My father _____ _____ the bike.

3 우리 아버지는 그 문에 페인트를 칠할 수 없어.

_____ _____ _____ paint the door.

4 우리 아버지는 그 문에 페인트를 칠할 수 없어.

My father _____ _____ to paint the door.

5 그들은 그 문에 페인트를 칠할 수 없어.

_____

도전! 문장 쓰기

6 그들은 말을 탈 수 없어.

_____ _____ able to ride a horse.

7 그들은 말을 탈 수 있어.

They _____ _____ _____ _____ a horse.

8 그녀는 말을 탈 수 있어.

_____

도전! 문장 쓰기

9 그녀는 말을 탈 수 있니?

_____ _____ able to ride a horse?

⑩ 그녀는 케이크를 만들 수 있니?

_____ _____ _____ _____ make a cake?

⑪ 너는 케이크를 만들 수 있니?

도전! 문장 쓰기

_____

⑫ 너는 연을 만들 수 있니?

_____ _____ _____ _____ make a kite?

⑬ 그는 연을 만들 수 있니?

Is he able to _____ ____ _____?

⑭ 그는 연을 날릴 수 있니?

_____ _____ _____ _____ fly a kite?

⑮ 그는 연을 날릴 수 있니?   응, 할 수 있어.

_____ he fly a kite? — Yes, he _____.

⑯ 내가 연을 날려도 되니?   응, 해도 돼.

_____ — Yes, _____ can.

⑰ 내가 연을 만들어도 되니?   미안하지만, 안 돼.

_____ I make a kite? — I'm _____, but you _____.

⑱ 너는 연을 만들 수 있니?   아니, 난 할 수 없어.

_____ _____ make a kite? — No, ____ _____.

56

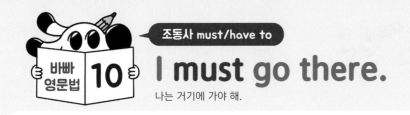

조동사 must/have to
I must go there.
나는 거기에 가야 해.

⭐ '꼭 ~해야만 한다'라는 의무를 나타낼 때는 must

'나는 거기에 가야 해, 안 그러면 큰일 나.' 이렇게 '반드시 해야만 하는' 상황일 때는 must를 동사원형 앞에 써 주면 돼. must도 will이나 can처럼 조동사이기 때문에 must 뒤에는 항상 동사원형이 온다는 사실, 잊지 말자!

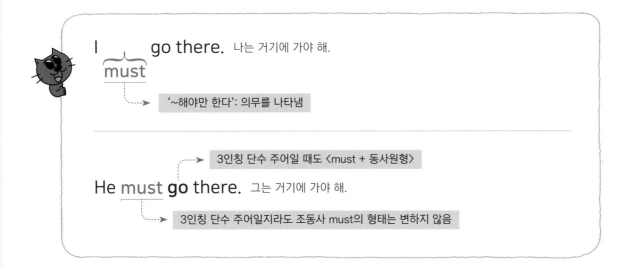

I ⌣ go there. 나는 거기에 가야 해.
must
➡ '~해야만 한다': 의무를 나타냄

➡ 3인칭 단수 주어일 때도 〈must + 동사원형〉
He must go there. 그는 거기에 가야 해.
➡ 3인칭 단수 주어일지라도 조동사 must의 형태는 변하지 않음

⭐ must 대신 have to를 쓸 수 있다

must가 의무를 나타낼 때는 have to를 대신 쓸 수 있어. 다만 주의할 것은 주어에 따라 have to 또는 has to로 구분해서 써야 한다는 거야. 물론 have to[has to] 뒤에도 항상 동사원형이 온다는 사실, 역시 잊지 말자!

주어에 따라 have to와 has to를 구분해서 써야 해!

= must
I have to go there.
나는 거기에 가야 해.

= must
He has to go there.
그는 거기에 가야 해.

주어	have to[has to]	예문
I / You / We / They	have to	You have to go there. 너는 거기에 가야 해.
He / She / It	has to	She has to go there. 그녀는 거기에 가야 해.

Word Check

나는 / ~해야만 한다 / 일어나다 / 7시에.

1 I **must** get up at 7:00.

= I _____ _____ get up at 7:00.

일어나다

☐ e t u ☐

그녀는 / ~해야만 한다 / 떠나다 / 이제.

2 She _____ leave now.

= She **has to** leave now.

너는 / ~해야만 한다 / 말하다 / 사실을.

3 You _____ tell the truth.

┌ must는 문어체에서 많이 사용하고,
└ have to는 회화체에서 많이 사용해.

= You _____ _____ _____ the truth.

열심히

h a ☐ d

우리는 / ~해야만 한다 / 공부하다 / 열심히.

4 We _____ study hard.

= We _____ _____ _____ hard.

그는 / ~해야만 한다 / 가다 / 그 가게에.

5 He _____ go to the store.

= He _____ _____ _____ to the store.

그들은 / ~해야만 한다 / 돌아오다 / 5시까지.

6 They _____ come back by 5:00.

= They _____ _____ _____ back by 5:00.

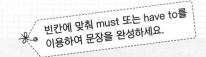
빈칸에 맞춰 must 또는 have to를
이용하여 문장을 완성하세요.

① I _____ _____ home now.
나는 / ~해야만 한다 / 집에 가다 / 지금.

알아두면 좋아요

'~해야만 했다'처럼 과거의 일에 대해 말할 때

조동사 must는 과거형이 없기 때문에 have
to/has to의 과거형을 써서 **had to**로 표현해
야 해.

예 He **has to** leave. (그는 떠나야 한다.)

→ He **had to** leave. (그는 떠나야·했다.)

② I _____ to _____ _____ now.
나는 / ~해야만 한다 / 집에 가다 / 지금.

③ He _____ to _____ home now.
그는 / ~해야만 한다 / 집에 가다 / 지금.

④ He _____ _____ _____ now.
그는 / ~해야만 한다 / 집에 가다 / 지금.

⑤ _____ _____ go to bed now.
그는 / ~해야만 한다 / 잠자리에 들다 / 지금.

⑥ You _____ _____ _____ _____ now.
너는 / ~해야만 한다 / 잠자리에 들다 / 지금.

⑦ You _____ _____ _____ to bed now.
너는 / ~해야만 한다 / 잠자리에 들다 / 지금.

⑧ She _____ to _____ to bed _____.
그녀는 / ~해야만 한다 / 잠자리에 들다 / 지금.

⑨ She _____ _____ cook food for ten people.
그녀는 / ~해야만 한다 / 조리하다 / 음식을 / 10명을 위해.

⑩ We _____ _____ _____ food for ten people.
우리는 / ~해야만 한다 / 조리하다 / 음식을 / 10명을 위해.

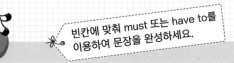

1 우리는 내일 일찍 일어나야 해.

We _____ _____ _____ early tomorrow.

2 그는 내일 일찍 일어나야 해.

He _____ _____ _____ _____ tomorrow.

3 그는 오늘 일찍 집에 돌아와야 해.

_____ _____ come back home early today.

4 그들은 오늘 일찍 집에 돌아와야 해.

They _____ _____ _____ _____ early today.

5 나는 오늘 일찍 집에 돌아와야 해.

도전! 문장 쓰기

_____

6 나는 오늘 이 책을 반납해야 해.

_____ _____ return this book today.

7 너는 오늘 이 책을 반납해야 해.

You _____ _____ this book today.

8 우리는 오늘 이 책을 반납해야 해.

We _____ _____ _____ _____ today.

9 우리는 오늘 이 책을 읽어야 해.

도전! 문장 쓰기

_____

10 우리는 오늘 이 책을 읽어야 해.

We _____ to _____ _____ today.

11

그는 오늘 이 책을 읽어야 해.

_____ _____ _____ read this book today.

12

너는 도서관에서 이 책을 읽어야 해.

_____ _____ _____ read this book in the library.

13

너는 도서관에서 조용히 해야 해.

You _____ _____ be quiet in the library.

14

우리는 도서관에서 조용히 해야 해.

_____ have to _____ _____ in the _____.

15

그는 조용히 해야 해.

도전! 문장 쓰기

_____

16

그녀는 조용히 해야 해.

_____ _____ to be quiet.

17

그녀는 조심해야 해.

She _____ _____ _____ careful.

18

너는 조심해야 해.

도전! 문장 쓰기

_____

알아두면 좋아요

필수 단어 get up 일어나다 early 일찍 come back home 집에 돌아오다 return 돌려주다, 반납하다 library 도서관
quiet 조용한 careful 조심스러운, 주의 깊은

바빠 영문법 11

must not/don't have to

You must not go there.
너는 거기에 가지 말아야 해.

⭐ **must not은 '~해서는 안 된다'라는 금지의 뜻**

must의 부정형은 바로 뒤에 not을 붙여. 이때 문장의 동사는 동사원형으로 써야 하지. must not은 '~해야 한다'의 반대 의미이니까 **'~해서는 안 된다'라는 '금지'의 뜻**이야.

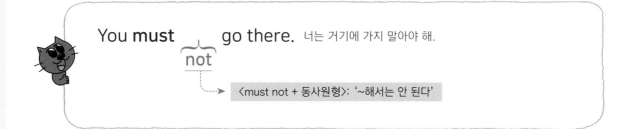

You **must** not go there. 너는 거기에 가지 말아야 해.

⟨must not + 동사원형⟩: '~해서는 안 된다'

⭐ **don't have to는 '~할 필요가 없다'라는 뜻으로 must not과는 의미가 다르다!**

have to의 부정형은 have to 앞에 don't나 doesn't를 붙이면 돼. don't를 쓸지 doesn't를 쓸지를 어떻게 판단하냐고? 주어에 따라 구분해서 쓰면 돼.

또 중요한 것 하나! don't[doesn't] have to는 must not과는 의미가 완전히 달라. **don't [doesn't] have to는 '~할 필요가 없다'라는 뜻**이고, **must not은 '~해서는 안 된다'라는 금지의 의미**가 있어.

주어에 따라 don't have to와 doesn't have to를 구분해서 써야 해.

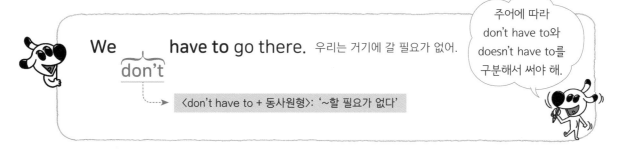

We don't have to go there. 우리는 거기에 갈 필요가 없어.

⟨don't have to + 동사원형⟩: '~할 필요가 없다'

✏️ **쓰면서 확인해 봐요!**

주어	don't[doesn't] have to	예문
I / You / We / They	don't have to	I don't have to [1]_____ there. 나는 거기에 갈 필요가 없다.
He / She / It	doesn't have to	She [2]_____ have to go there. 그녀는 거기에 갈 필요가 없다.

정답 1 go 2 doesn't

1

너는 / ~해야만 한다 / 말하다 / 사실을.

You **must** tell the truth.

You _____ _____ _____ the truth.

너는 / ~해서는 안 된다 / 말하다 / 사실을.

2

그는 / ~해야만 한다 / 가다 / 그 가게에.

He _____ go to the store.

He _____ _____ _____ to the store.

그는 / ~해서는 안 된다 / 가다 / 그 가게에.

3

우리는 / ~해야만 한다 / 건너다 / 길을 / 지금.

We _____ cross the street now.

We _____ _____ _____ the street now.

우리는 / ~해서는 안 된다 / 건너다 / 길을 / 지금.

4

너는 / ~해야만 한다 / 오다 / 여기에.

You **have to** come here.

You _____ _____ _____ come here.

너는 / ~할 필요가 없다 / 오다 / 여기에.

5

그녀는 / ~해야만 한다 / 하다 / 숙제를.

She _____ _____ do her homework.

She _____ _____ _____ do her homework.

그녀는 / ~할 필요가 없다 / 하다 / 숙제를.

6

우리는 / ~해야만 한다 / 일어나다 / 내일 일찍.

We _____ _____ get up early tomorrow.

We _____ _____ _____ get up early tomorrow.

우리는 / ~할 필요가 없다 / 일어나다 / 내일 일찍.

Word Check

건너다

c o s

길

s t r t

63

1 He must _____ make a noise.
그는 / ~해서는 안 된다 / 떠들다.

2 We _____ _____ make a noise here.
우리는 / ~해서는 안 된다 / 떠들다 / 여기에서.

3 We _____ _____ run here.
우리는 / ~해서는 안 된다 / 뛰다 / 여기에서.

4 We _____ _____ _____ in the library.
우리는 / ~해서는 안 된다 / 뛰다 / 도서관에서.

5 _____ _____ _____ run _____ the library.
너희는   / ~해서는 안 된다 / 뛰다 / 도서관에서.

6 You _____ have _____ _____.
너희는 / ~할 필요가 없다 / 뛰다.

7 _____ _____ _____ _____ buy the dress.
너희는 / ~할 필요가 없다 / 사다 / 그 드레스를.

8 She _____ _____ _____ _____ the dress.
그녀는 / ~할 필요가 없다 / 사다 / 그 드레스를.

9 She _____ have to _____ the book.
그녀는 / ~할 필요가 없다 / 사다 / 그 책을.

10 He _____ _____ _____ buy the _____.
그는 / ~할 필요가 없다 / 사다 / 그 책을.

문제로 문법 정리

다음 ①~③ 중 두 문장의 의미가
같지 않은 것을 고르세요.

① She can swim.
  = She is able to swim.

② He must come here.
  = He has to come here.

③ You must not lie.
  = You don't have to lie.

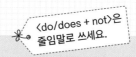
〈do/does + not〉은
줄임말로 쓰세요.

1 너는 거기에 갈 필요가 없어.

You _____ _____ to go there.

2 너는 거기에 가서는 안 돼.

You _____ _____ go there.

3 그녀는 거기에 가서는 안 돼.

She _____ _____ _____ there.

도전! 문장 쓰기

4 그녀는 거기에 갈 필요가 없어.

_____

5 그녀는 그 역에 갈 필요가 없어.

She _____ _____ _____ go to the station.

6 나는 그 역에 갈 필요가 없어.

_____ _____ have to _____ to the station.

7 나는 그 기차역에 갈 필요가 없어.

I don't _____ _____ go to the train station.

8 나는 그 기차를 탈 필요가 없어.

I _____ _____ _____ take the train.

도전! 문장 쓰기

9 나는 그 기차를 타서는 안 돼.

_____

10 그는 그 기차를 타서는 안 돼.

He _____ _____ take the _____.

그는 그 기차를 탈 필요가 없어.

⑪ He ＿＿＿＿＿＿ ＿＿＿＿＿ ＿＿＿＿ ＿＿＿＿ the train.

그는 택시를 탈 필요가 없어.

⑫ He ＿＿＿＿＿ ＿＿＿＿＿ ＿＿＿＿ take a taxi.

그들은 택시를 탈 필요가 없어.

도전! 문장 쓰기

⑬ ＿＿＿＿＿＿＿＿＿＿＿＿＿＿＿＿＿＿＿＿

그들은 택시를 타서는 안 돼.

⑭ They ＿＿＿＿＿ ＿＿＿ take a taxi.

그들은 그 뉴스를 봐서는 안 돼.

⑮ ＿＿＿＿＿ ＿＿＿＿＿ ＿＿＿＿ watch the news.

내 여동생은 그 뉴스를 봐서는 안 돼.

도전! 문장 쓰기

⑯ ＿＿＿＿＿＿＿＿＿＿＿＿＿＿＿＿＿＿＿＿

내 여동생은 그 뉴스를 볼 필요가 없어.

⑰ My sister ＿＿＿＿＿ ＿＿＿＿ to ＿＿＿ the ＿＿＿.

내 여동생은 그들을 만날 필요가 없어.

⑱ My sister ＿＿＿＿＿ ＿＿＿＿ ＿＿＿ meet them.

 알아두면 좋아요

필수 단어 station 역 train 기차 take (탈것을) 타다 watch 보다 news 뉴스, 소식 meet 만나다

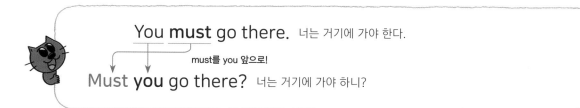

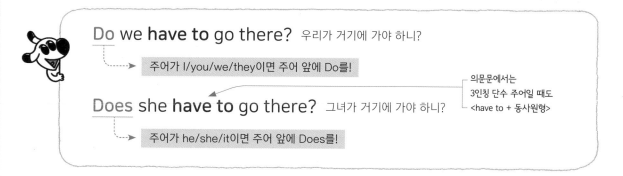

바빠 영문법 12 — must/have to의 의문문
Must you go there?
너는 거기에 가야 하니?

☆ '~해야 하니?'라고 물어볼 때는 must를 주어 앞으로

반드시 꼭 '~해야 하는 일인지' 물어볼 때는 **must**를 주어 앞으로 보내기만 하면 돼!

You **must** go there. 너는 거기에 가야 한다.

must를 you 앞으로!

Must **you** go there? 너는 거기에 가야 하니?

☆ have to로 '~해야 하니?'라고 물을 때는 Do 또는 Does를 주어 앞으로

'~해야 하니?'라고 물을 때, have to는 will, can, must 같은 조동사와 쓰임이 달라서 **주어의 인칭에 따라 Do나 Does를 주어 앞에 넣어 주어야** 해.

Do we **have to** go there? 우리가 거기에 가야 하니?

주어가 I/you/we/they이면 주어 앞에 Do를!

Does she **have to** go there? 그녀가 거기에 가야 하니?

주어가 he/she/it이면 주어 앞에 Does를!

의문문에서는 3인칭 단수 주어일 때도 <have to + 동사원형>

☆ 부정의 대답은 No, I must not.이 아니라, I don't have to.로 답한다

'~해야 하니?'라는 질문에 '응, 해야 해.'라고 긍정의 대답을 하려면 must를 활용해 대답하면 되지만, 부정할 때는 '아니, ~할 필요가 없어.'라는 의미로 대답해야 자연스러워. 따라서 부정의 대답일 때는 have to를 활용해 답해야 해.

의문문	긍정의 대답	부정의 대답
Must I go there? 내가 거기에 가야 해?	**Yes**, you must. 응, 너는 그래야 해.	**No**, you don't have to. 아니, 넌 그럴 필요 없어.
Do you have to go there? 너는 거기에 가야 해?	**Yes**, I do. 응, 나는 그래야 해.	**No**, I don't (have to). 아니, 난 그럴 필요 없어.
Does she have to go there? 그녀가 거기에 가야 해?	**Yes**, she does. 응, 그녀는 그래야 해.	**No**, she doesn't (have to). 아니, 그녀는 그럴 필요 없어.

왜 'No, you must not.'으로 대답하지 않는 걸까? must not은 '금지'를 나타내기 때문이야.
질문에서 '의무'에 대해 물었는데 '금지'하는 말로 대답하면 대화가 어색해지잖아!

1

그녀는 / ~해야만 한다 / 떠나다 / 지금.
She **must** leave now.

_____ _____ _____ now?
~해야만 하니 / 그녀는 / 떠나다 / 지금?

2

우리는 / ~해야만 한다 / 공부하다 / 열심히.
We **must** study hard.

_____ _____ _____ hard?
~해야만 하니 / 우리는 / 공부하다 / 열심히?

3

너는 / ~해야만 한다 / 가다 / 그 가게에.
You **must** go to the store.

_____ _____ _____ to the store?
~해야만 하니 / 너는 / 가다 / 그 가게에?

4

그녀는 / ~해야만 한다 / 떠나다 / 지금.
She **has to** leave now.

_____ _____ _____ _____ leave now?
~하니 / 그녀는 / ~해야만 하다 / 떠나다 / 지금?

5

우리는 / ~해야만 한다 / 공부하다 / 열심히.
We **have to** study hard.

_____ _____ _____ _____ study hard?
~하니 / 우리는 / ~해야만 하다 / 공부하다 / 열심히?

6

너는 / ~해야만 한다 / 가다 / 그 가게에.
You **have to** go to the store.

_____ _____ _____ go to the store?
~하니 / 너는 / ~해야만 하다 / 가다 / 그 가게에?

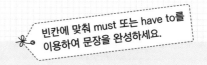

① A: _____ you go home now?
~해야만 하니   / 너는   / 집에 가다   / 지금?

B: Yes, I _____. / _____, I _____ have to.
응, 나는 그래야 해.   아니, 나는 그럴 필요 없어.

② A: _____ she _____ home now?
~해야만 하니   / 그녀는 / 집에 가다   / 지금?

B: Yes, _____ must. / No, she _____ _____ _____.
응, 그녀는 그래야 해.   아니, 그녀는 그럴 필요 없어.

③ A: _____ _____ stay home?
~해야만 하니   / 그녀는   / 집에 있다?

B: Yes, she _____. / No, she doesn't _____ to.
응, 그녀는 그래야 해.   아니, 그녀는 그럴 필요 없어.

④ A: _____ _____ _____ to stay home?
~하니   / 그녀는   / ~해야만 하다   / 집에 있다?

B: _____, she does. / No, she doesn't. ◄─── No, she doesn't have to 대신
응, 그녀는 그래야 해.   아니, 그녀는 그럴 필요 없어.   No, she doesn't와 같이 쓸 수 있어.

⑤ A: Does he _____ _____ _____ at the hotel?
~하니   / 그는 / ~해야만 하다   / 그 호텔에 머물다?

B: Yes, he _____. / _____, _____ doesn't.
응, 그는 그래야 해.   아니, 그는 그럴 필요 없어.

⑥ A: _____ you _____ to stay _____ the _____?
~하니   / 너는   / ~해야만 하다   / 그 호텔에 머물다?

B: Yes, I _____. / No, _____ _____.
응, 나는 그래야 해.   아니, 나는 그럴 필요 없어.

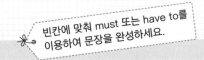

1

A: _____ we _____ _____ early tomorrow?

우리는 내일 일찍 일어나야 해?

B: No, we _____ have to.

아니, 우리는 그럴 필요 없어.

2

A: _____

그는 내일 일찍 일어나야 해?

B: _____, he must.

응, 그는 그래야 해.

3

A: _____ _____ come back home early tomorrow?

그는 내일 일찍 집에 돌아와야 해?

B: No, he _____ _____ _____.

아니, 그는 그럴 필요 없어.

4

A: _____ _____ _____ back home _____ tomorrow?

너는 내일 일찍 집에 돌아와야 해?

B: Yes, _____ must.

응, 나는 그래야 해.

5

A: _____

내가 오늘 일찍 집에 돌아와야 해? (must 이용)

B: No, you don't _____ _____.

아니, 너는 그럴 필요 없어.

6

A: _____ _____ return this book _____?

너는 오늘 이 책을 반납해야 해?

B: _____, _____ _____.

응, 나는 그래야 해.

7

A: _____

그녀는 오늘 이 책을 반납해야 해? (must 이용)

B: Yes, she _____.

응, 그녀는 그래야 해.

A: _____ she have to _____ this book today?

그녀는 오늘 이 책을 반납해야 해?

8

B: No, she doesn't.

아니, 그녀는 그럴 필요 없어.

A: _____ _____ _____ _____ read this book today?

그녀는 오늘 이 책을 읽어야 해?

9

B: Yes, she _____.

응, 그녀는 그래야 해.

A: Do _____ _____ _____ _____ _____ _____ _____?

내가 오늘 이 책을 읽어야 하는 거야?

10

B: No, you _____.

아니, 너는 그럴 필요 없어.

A: _____ _____ _____ _____ be quiet?

내가 조용히 있어야 해?

11

B: Yes, you _____.

응, 너는 그래야 해.

A: _____ they _____ _____ _____ quiet?

그들은 조용히 있어야 해?

12

B: Yes, they _____.

응, 그들은 그래야 해.

A: _____

그는 조용히 있어야 해? (have to 이용)

13

B: No, he _____.

아니, 그는 그럴 필요 없어.

A: _____ _____ _____ _____ meet her?

그는 그녀를 만나야 하는 거야?

14

B: Yes, he does.

응, 그는 그래야 해.

바빠 영문법 13 must/have to 총정리

Unit 13 듣기

✪ must의 긍정문과 부정문

긍정문(의무를 나타냄)	부정문(금지를 나타냄)
You must wear your helmet. 너는 헬멧을 써야 한다.	You must not wear your helmet. 너는 헬멧을 쓰지 말아야 한다.
We must cross the street now. 우리는 지금 길을 건너야 한다.	We must not cross the street now. 우리는 지금 길을 건너지 말아야 한다.
She must go there. 그녀는 거기에 가야 한다.	She ¹_____ there. 그녀는 거기에 가지 말아야 한다.

✪ have to의 긍정문과 부정문

긍정문(의무를 나타냄)	부정문(~할 필요 없다)
You have to wear your helmet. 너는 헬멧을 써야 한다.	You don't have to wear your helmet. 너는 헬멧을 쓸 필요가 없다.
We have to cross the street now. 우리는 지금 길을 건너야 한다.	We ²_____ the street now. 우리는 지금 길을 건널 필요가 없다.
She has to go there. 그녀는 거기에 가야 한다.	She ³_____ there. 그녀는 거기에 갈 필요가 없다.

✪ must/have to의 의문문과 대답

의문문	대답
Must I wear my helmet? 내가 헬멧을 써야 해?	**Yes**, you must. 응, 너는 그래야 해. **No**, you don't have to. 아니, 너는 그럴 필요 없어.
Must she go there? 그녀는 거기에 가야 하니?	**Yes**, she must. 응, 그녀는 그래야 해. **No**, she ⁴_____. 아니, 그녀는 그럴 필요 없어.
Do you ⁵_____ to buy a computer? 너는 컴퓨터를 사야 하니?	**Yes**, I do. 응, 나는 그래야 해. **No**, I don't. 아니, 나는 그럴 필요 없어.
Does she have to go there? 그녀는 거기에 가야 하니?	**Yes**, she does. 응, 그녀는 그래야 해. **No**, she doesn't. 아니, 그녀는 그럴 필요 없어.

정답 1 must not go 2 don't have to cross 3 doesn't have to go 4 doesn't have to 5 have

너는 / ~해야 한다 / 가져오다 / 네 물을.
You **must** bring your water.

1

= You _____ _____ bring your water.

그녀는 / ~해야 한다 / 입다 / 교복을.
She **must** wear the school uniform.

2

= She _____ _____ wear the school uniform.

나는 / ~해야 한다 / 가다 / 시장에.
I **must** go to the market.

3

I _____ _____ _____ to the market.
나는 / ~하지 말아야 한다   / 가다   / 시장에.

그는 / ~해야 한다 / 읽다 / 그 책을.
He **must** read the book.

4

He _____ _____ _____ the book.
그는   / ~하지 말아야 한다   / 읽다   / 그 책을.

우리는 / ~해야 한다 / 청소하다 / 교실을.
We **have to** clean the classroom.

5

_____ _____ _____ _____ the classroom?
~하니   / 우리가   / ~해야 하다   / 청소하다 / 교실을?

그녀는 / ~해야 한다 / 가다 / 우체국에.
She **has to** go to the post office.

6

_____ _____ _____ _____ to the post office?
~하니   / 그녀는   / ~해야 하다   / 가다 / 우체국에?

Word Check

헬멧
h [ ] l m e [ ]

가져오다
b r i [ ] g

교복, 제복
[ ] n i f o [ ] m

73

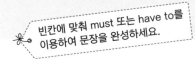

빈칸에 맞춰 must 또는 have to를
이용하여 문장을 완성하세요.

1 She _____ _____ here today.
그녀는 오늘 여기에 와야 한다.

2 She _____ _____ come _____ today.
그녀는 오늘 여기에 와야 한다.

3 _____ she _____ _____ come here today?
그녀가 오늘 여기에 와야 하니?

4 _____
그들이 오늘 여기에 와야 하니? (have to 이용)

5 They _____ _____ come here today.
그들은 오늘 여기에 와야 한다.

6 _____
그들은 오늘 여기에 올 필요가 없다.

7 _____
그들은 오늘 여기에 오지 말아야 한다.

8 He _____ _____ _____ here today.
그는 오늘 여기에 오지 말아야 한다.

9 _____
그는 오늘 여기에 올 필요가 없다.

10 _____ _____ _____ _____ work today.
그는 오늘 일할 필요가 없다.

문제로 문법 정리

다음 내용을 읽고, 대화를 완성하세요.

- It's Sunday today.
- I don't work today.

A: _____ you have to go
_____ work?

B: No, I _____ _____
to.

74

03 문장이 써지면 이 영문법은 OK!

빈칸에 맞춰 must 또는 have to를
이용하여 문장을 완성하세요.

1
우리는 교실을 청소해야 해.

We _____ _____ clean the classroom.

2
우리는 교실을 청소할 필요가 없어.

We _____ _____ _____ _____ the classroom.

3
그는 교실을 청소할 필요가 없어.

_____

도전! 문장 쓰기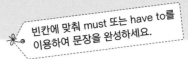

4
그는 교실을 청소해야 해.

_____ _____ _____ clean the classroom.

5
그는 그의 방을 청소해야 해.

He _____ _____ _____ his room.

6
그는 그의 방을 청소해야 하니?   아니, 그는 그럴 필요 없어.

_____ he _____ ____ clean his room? — No, ____ doesn't.

7
너는 네 방을 청소해야 하니? (have to 이용)   응, 나는 그래야 해.

_____ — _____, I do.

8
너는 네 방을 청소해야 하니?   응, 나는 그래야 해.

_____ you _____ your room? — Yes, I must.

9
그녀는 그녀의 방을 청소해야 하니? (must 이용)   아니, 그녀는 그럴 필요 없어.

_____ — No, she _____ _____ to.

10
그녀는 그녀의 방을 청소해야 해.

She _____ _____ her room.

75

⑪ 그녀는 그녀의 방을 나가야 해.

_____ _____ leave her room.

⑫ 그녀는 그녀의 방을 나가지 말아야 해.

_____

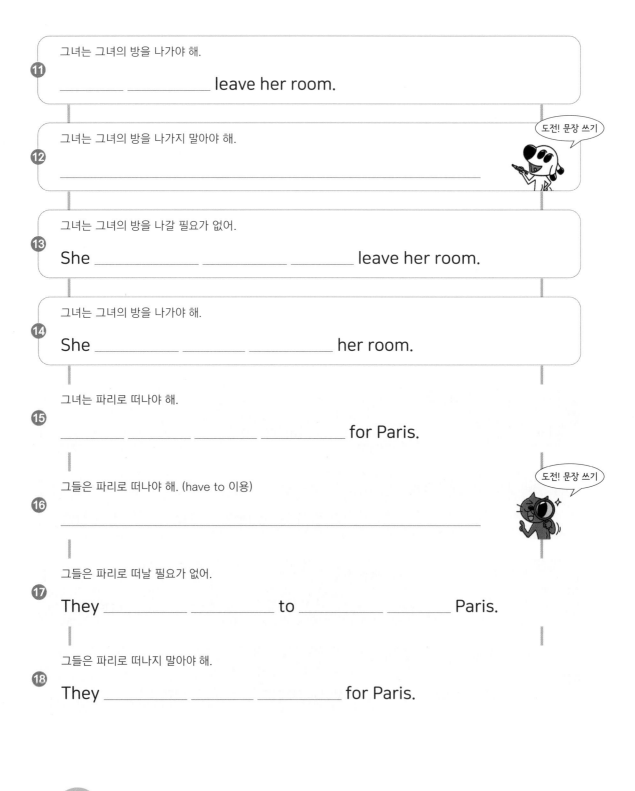

⑬ 그녀는 그녀의 방을 나갈 필요가 없어.

She _____ _____ _____ leave her room.

⑭ 그녀는 그녀의 방을 나가야 해.

She _____ _____ _____ her room.

⑮ 그녀는 파리로 떠나야 해.

_____ _____ _____ _____ for Paris.

⑯ 그들은 파리로 떠나야 해. (have to 이용)

_____

⑰ 그들은 파리로 떠날 필요가 없어.

They _____ _____ to _____ _____ Paris.

⑱ 그들은 파리로 떠나지 말아야 해.

They _____ _____ _____ for Paris.

알아두면 좋아요

필수 단어 clean 청소하다 classroom 교실 leave for ~로 떠나다, 출발하다

⭐ '~일지도 모른다'라는 '추측'을 나타낼 때는 may의 도움을 받는다

'그들이 올지도 몰라.'처럼 추측을 나타낼 때는 조동사 may의 도움을 받으면 돼. may는 50% 정도의 가능성을 띠는 표현으로 별로 확신하지 못할 때 주로 사용하지. 다른 조동사와 마찬가지로 **주어에 상관없이 may 뒤에는 항상 동사원형**이 와야 해.

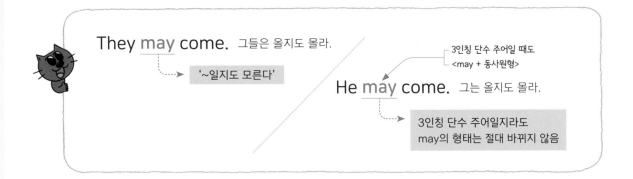

They may come. 그들은 올지도 몰라.
'~일지도 모른다'

3인칭 단수 주어일 때도
<may + 동사원형>

He may come. 그는 올지도 몰라.

3인칭 단수 주어일지라도
may의 형태는 절대 바뀌지 않음

⭐ '~해도 된다(좋다)'라는 '허가'를 나타낼 때도 may를 쓸 수 있다

may는 '~해도 된다(좋다)'라는 허가를 나타내기도 해. 앞에서 허락을 구할 때 can을 쓸 수 있다고 한 것을 잊지 않았지? **may가 '허가'를 나타낼 때에는 can으로 바꿔 쓸 수 있어.** may는 주로 책에서 쓰는 딱딱한 표현이다 보니 회화에서는 can을 더 많이 사용하지.

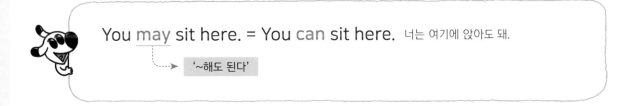

You may sit here. = You can sit here. 너는 여기에 앉아도 돼.
'~해도 된다'

⭐ may not은 '~ 아닐지도 모른다' 또는 '~해서는 안 된다'라는 의미로 쓰인다

may도 다른 조동사처럼 <may not + 동사원형>과 같이 부정문으로 쓸 수 있는데, 추측의 의미 외에 금지의 의미로도 쓰여. 하지만 강한 금지의 뜻인 must not과 달리, **may not은 약한 금지의 뜻**을 나타내.

may not의 의미	예문
추측: ~ 아닐지도 모른다	They may not come here. 그들은 여기에 오지 않을지도 몰라.
금지: ~해서는 안 된다	You may not sit here. 너는 여기에 앉으면 안 돼.

1

(비인칭 주어) / 눈이 온다.
It snows.

It _____ snow. (추측)
(비인칭 주어) / ~일지도 모른다 / 눈이 오다.

2

(비인칭 주어) / ~일지도 모른다 / 비가 오다.
It may rain.

It _____ _____ rain. (추측)
(비인칭 주어) / ~ 아닐지도 모른다 / 비가 오다.

3

그는 / ~이다 / 늦은.
He is late.

He _____ _____ late. (추측)
그는 / ~일지도 모른다 / 늦다.

4

그녀는 / ~일지도 모른다 / ~이다 / 의사.
She may be a doctor.

She _____ _____ _____ a doctor. (추측)
그녀는 / ~ 아닐지도 모른다 / ~이다 / 의사.

5

너는 / 거기에 간다.
You go there.

You _____ _____ there. (허가)
너는 / ~해도 좋다 / 거기에 가다.

6

너는 / ~해도 좋다 / 여기에 앉다.
You may sit here.

You _____ _____ _____ here. (must not보다 약한 금지의 뜻)
너는 / ~하면 안 된다 / 여기에 앉다.

1 It _____ be cloudy.

(비인칭 주어) / ~일지도 모른다 / 흐리다.

2 It _____ _____ _____ cloudy.

(비인칭 주어) / ~ 아닐지도 모른다 / 흐리다.

3 _____ _____ _____ rain tomorrow.

(비인칭 주어) / ~ 아닐지도 모른다 / 비가 오다 / 내일.

4 It _____ _____ tomorrow.

(비인칭 주어) /~일지도 모른다 / 비가 오다 / 내일.

5 _____ _____ arrive late.

그것은 / ~일지도 모른다 / 도착하다 / 늦게.

6 _____ _____ _____ late.

그녀는 / ~일지도 모른다 / 도착하다 / 늦게.

7 She _____ _____ _____ late.

그녀는 / ~ 아닐지도 모른다 / 도착하다 / 늦게.

8 He _____ _____ _____ a scientist.

그는 / ~ 아닐지도 모른다 / ~이다 / 과학자.

9 He _____ _____ a _____.

그는 / ~일지도 모른다 / ~이다 / 과학자.

10 He _____ _____ busy.

그는 / ~일지도 모른다 / ~이다 / 바쁜.

🐱 문제로 문법 정리

괄호 안의 표현 중 알맞은 것을 고르세요.

1. You (may go / go may) home.

2. She (may is / may be) tired.

1 너는 오늘 밤 밖에 나가도 좋아.

You _____ go out tonight.

2 너는 오늘 밤 밖에 나가면 안 돼.

You _____ _____ _____ out tonight.

3 너는 거기에 가면 안 돼.

_____ _____ _____ _____ there.

4 너는 거기에 가도 돼.

도전! 문장 쓰기

_____

5 너는 거기에 앉아도 돼.

_____ _____ sit there.

6 너는 여기에 앉아도 돼.

You _____ _____ here.

7 너는 여기에 앉으면 안 돼.

도전! 문장 쓰기

_____

8 너는 지금 떠나면 안 돼.

You _____ _____ leave now.

9 너는 지금 떠나도 돼.

You _____ _____ _____ .

10 너는 그 컴퓨터를 사용해도 돼.

_____ _____ use the computer.

11

너는 그 컴퓨터를 사용하면 안 돼.

You _____ _____ _____ the _____.

12

그는 그 컴퓨터를 사용하지 않을지도 몰라.

He _____ _____ _____ the computer.

13

그는 그 컴퓨터를 사용할지도 몰라.

도전! 문장 쓰기

_____

14

그는 피곤할지도 몰라.

He _____ be tired.

15

그는 피곤하지 않을지도 몰라.

He _____ _____ _____ tired.

16

그는 부유하지 않을지도 몰라.

_____ _____ _____ be rich.

17

그는 부유할지도 몰라.

도전! 문장 쓰기

_____

18

그들은 부유할지도 몰라.

They _____ _____ _____.

 알아두면 좋아요

필수 단어 tonight 오늘 밤 leave 떠나다 use 이용하다, 사용하다 tired 피곤한 rich 부유한

조동사 should

You should go there.

너는 거기에 가야 해.

✪ '(마땅히) ~해야 한다'라는 '의무', '~하는 게 좋겠다'라는 '충고'의 의미를 나타낼 때는 should를 쓴다

당연히 해야 할 일을 나타낼 때 조동사 should를 쓰자. should는 must나 have to처럼 강한 의무의 뜻보다는 '당연한 의무'나 '충고'에 가깝게 '~해야 한다' 또는 '~하는 게 좋겠다'라는 의미를 나타내지. should도 조동사이니까 **주어에 상관없이 항상 <should + 동사원형>으로 쓴다**는 거 이제 알지?

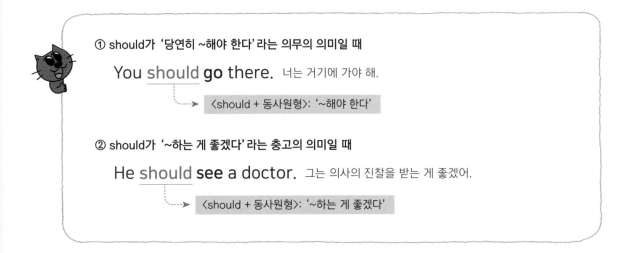

① should가 '당연히 ~해야 한다'라는 의무의 의미일 때

You <u>should</u> go there. 너는 거기에 가야 해.

<should + 동사원형>: '~해야 한다'

② should가 '~하는 게 좋겠다'라는 충고의 의미일 때

He <u>should</u> see a doctor. 그는 의사의 진찰을 받는 게 좋겠어.

<should + 동사원형>: '~하는 게 좋겠다'

✪ 부정문은 <should not + 동사원형>으로 쓴다

'~해서는 안 된다' 또는 '~하지 않는 게 좋겠어'라는 의미를 나타내려면 should 뒤에 not을 붙여 **부정문 형태인 <should not + 동사원형>으로 쓰면 되는 거야.**

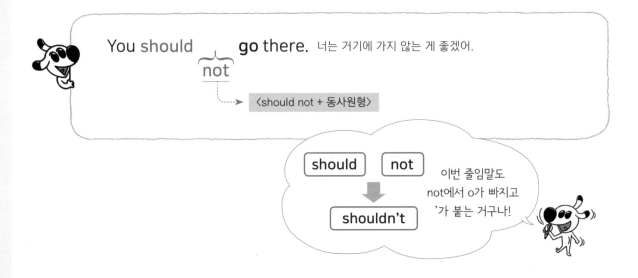

You should not go there. 너는 거기에 가지 않는 게 좋겠어.

<should not + 동사원형>

should not

shouldn't

이번 줄임말도 not에서 o가 빠지고 '가 붙는 거구나!

01 비교하면 답이 보인다!

1

너는 / ~이다 / 조심스러운.
You are careful.

You _____ _____ careful.
너는 / ~해야 한다 / ~이다 / 조심스러운.

2

우리는 / ~이다 / 친절한 / 다른 사람들에게.
We are kind to others.

We _____ _____ kind to others.
우리는 / ~해야 한다 / ~이다 / 친절한 / 다른 사람들에게.

3

나는 / 공부한다 / 오늘 저녁에.
I study this evening.

I _____ _____ this evening.
나는 / ~해야 한다 / 공부하다 / 오늘 저녁에.

4

너는 / ~해야 한다 / 떠나다 / 지금.
You **should** leave now.

You _____ _____ _____ now.
너는 / ~하지 않는 게 좋다 / 떠나다 / 지금.

5

우리는 / ~해야 한다 / 건너다 / 길을.
We **should** cross the street.

We _____ _____ _____ the street.
우리는 / ~하지 않는 게 좋다 / 건너다 / 길을.

6

그녀는 / ~해야 한다 / 가다 / 공원에.
She **should** go to the park.

She _____ _____ _____ to the park.
그녀는 / ~하지 않는 게 좋다 / 가다 / 공원에.

1 He _____ do his homework.
그는 / ~해야 한다 / 하다 / 그의 숙제를.

2 You _____ _____ your homework.
너는 / ~해야 한다 / 하다 / 너의 숙제를.

3 _____ _____ come here.
너는 / ~하는 게 좋다 / 오다 / 여기에.

4 You _____ _____ _____ here.
너는 / ~하지 않는 게 좋다 / 오다 / 여기에.

5 You _____ _____ drink cold water.
너는 / ~하지 않는 게 좋다 / 마시다 / 찬물을.

6 _____ _____ _____ warm water.
너는 / ~하는 게 좋다 / 마시다 / 따뜻한 물을.

7 We _____ drink _____ _____.
우리는 / ~하는 게 좋다 / 마시다 / 따뜻한 물을.

8 We _____ take a rest.
우리는 / ~하는 게 좋다 / 쉬다.

9 She _____ _____ _____ _____ _____.
그녀는 / ~하지 않는 게 좋다 / 쉬다.

10 She _____ _____ _____ to the movies.
그녀는 / ~하지 않는 게 좋다 / 가다 / 영화를 보러.

🐱 문제로 문법 정리

괄호 안의 단어 중 알맞은 것을 <u>고르세요.</u>

1. You should (see / saw) a doctor.

2. He (should / shoulds) study hard.

1 너는 운동하는 게 좋겠어.

You _____ exercise.

2 아이들은 운동하는 게 좋아.

Children _____ _____.

3 아이들은 노는 게 좋아.

_____ _____ play.

4 아이들은 거리에서 놀지 말아야 해.

Children _____ _____ _____ in the streets.

5 아이들은 짠 음식을 먹지 않는 게 좋겠어.

_____ _____ _____ eat salty food.

6 너는 짠 음식을 먹지 않는 게 좋겠어.

도전! 문장 쓰기

_____

7 너는 건강에 좋은 음식을 먹는 게 좋겠어.

_____ _____ _____ healthy food.

8 우리는 건강에 좋은 음식을 먹는 게 좋겠어.

도전! 문장 쓰기

_____

9 우리는 매일 샤워해야 해.

We _____ _____ a shower every day.

10 그는 매일 산책하는 게 좋아.

_____ _____ _____ a walk every day.

그는 양치질을 해야 해.

11 He _____ brush his teeth.

그는 식사 후에 양치질을 해야 해.

12 He _____ _____ _____ _____ after meals.

우리는 식사 후에 양치질을 해야 해.

13 _____ _____ _____ our teeth _____ _____.

우리는 물을 많이 마셔야 해.

14 We _____ _____ a lot of water.

우리는 물을 너무 많이 사용하지 말아야 해.

15 We _____ _____ use too much water.

너는 물을 너무 많이 사용하지 말아야 해. 도전! 문장 쓰기

16 _____

너는 그 테이블을 사용하지 않는 게 좋겠어.

17 You _____ _____ _____ the table.

그들은 그 테이블을 사용하지 않는 게 좋겠어. 도전! 문장 쓰기

18 _____

 **알아두면 좋아요**

필수 단어 exercise 운동하다 street 거리, 길, 도로 salty 짠, 소금기가 있는 food 음식, 식품 healthy 건강한, 건강에 좋은
take a shower 샤워하다 take a walk 산책하다 brush one's teeth 양치질하다 after meals 식사 후에 drink 마시다
a lot of 많은 use 사용하다, 이용하다 too much 너무 많은; 너무 많이 table 테이블, 탁자

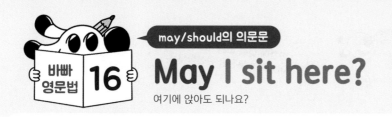

바빠 영문법 16 — may/should의 의문문

May I sit here?
여기에 앉아도 되나요?

Unit 16 듣기

⭐ '~해도 되나요?'라고 물을 때는 May I[We] ~?

허가를 구할 때에는 조동사 may로 시작하는 의문문을 써. 허가해 달라고 말하는 사람은 '나'이거나 '나를 포함한 사람'이므로 May I ~?(제가 ~해도 되나요?)나 May We ~?(우리가 ~해도 되나요?)와 같이 사용해. 참, may 의문문도 다른 조동사 의문문처럼 **조동사 may를 주어 앞으로** 보내기만 하면 돼.

> You <u>may</u> sit here. 너는 여기에 앉아도 돼.
>
> may를 주어 앞으로!
>
> May I sit here? 제가 여기에 앉아도 되나요?

⭐ '~해야 하니?'라고 물을 때는 Should I[We] ~?

'~해야 하니?' 또는 '~하는 게 좋겠니?'라고 물을 때에는 should를 주어 앞으로 보내서
<Should + 주어 + 동사원형 ~?>의 어순으로 써.

> You <u>should</u> go there. 너는 거기에 가야 해.
>
> should를 주어 앞으로!
>
> Should I go there? 내가 거기에 가야 해?

⭐ may/should 의문문의 대답

Yes, you may.라고 대답해도 돼.

No, you may not.으로 대답해도 돼.

의문문	긍정의 대답	부정의 대답
May I sit here? = Can I sit here? 내가 여기 앉아도 돼?	Sure.[Of course.] 물론이지.	I'm sorry, but you can't. 미안하지만, 안 되겠는데.
Should I go there? 내가 거기에 가야 해?	Yes, you should. 응, 그러는 게 좋겠어.	No, you should not. 아니, 안 그러는 게 좋겠어.

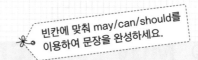

01 비교하면 답이 보인다!

빈칸에 맞춰 may/can/should를
이용하여 문장을 완성하세요.

1

~해도 되나요 / 내가 / 들어가다 / 방에?

May I enter the room?
= **Can** I enter the room?

Should I enter the room?
~하는 게 좋겠니 / 내가 / 들어가다 / 방에?

e | n | t | | r

들어가다

2

~해도 되나요 / 우리가 / 가다 / 거기에?

_____ we go there?

= _____ we go there?

_____ we go there?
~하는 게 좋겠니 / 우리가 / 가다 / 거기에?

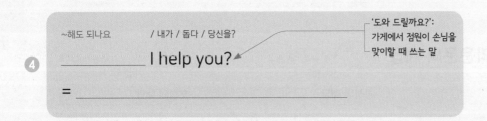

r | | o | m

방

3

~해도 되나요 / 내가 / 가다 / 공원에?

_____ _____ _____ to the park?

= _____ _____ _____ to the park?

_____ _____ _____ to the park?
~하는 게 좋겠니 / 내가 / 가다 / 공원에?

4

~해도 되나요 / 내가 / 돕다 / 당신을?

_____ I help you?◄

= _____

'도와 드릴까요?':
가게에서 점원이 손님을
맞이할 때 쓰는 말

5

~해도 되나요 / 내가 / 통화하다 / 존과?

_____ I speak to John?◄

= _____

'~와 통화 가능할까요?':
May/Can I speak to ~?

88

1 A: _____ I use your pen?
~해도 되니 / 내가 / 사용하다 / 네 펜을?

B: Sure. / _____ _____, but you can't.
물론이야.   미안하지만, 그럴 수 없어.

2 A: _____ _____ borrow your _____?
~해도 되니 / 내가 / 빌리다 / 네 펜을?

B: _____. / I'm sorry, but _____ _____.
물론이야.   미안하지만, 그럴 수 없어.

3 A: _____ I sit here?
~해도 되니 / 내가 / 앉다 / 여기에?

B: _____ course. / I'm _____, but you _____.
물론이야.   미안하지만, 그럴 수 없어.

4 A: _____ we sit here?
~하는 게 좋겠니 / 우리가 / 앉다 / 여기에?

B: Yes, _____ should. / No, you _____.
응, 그러는 게 좋겠어.   아니, 안 그러는 게 좋겠어.

5 A: _____ _____ wait for them?
~하는 게 좋겠니 / 우리가 / 기다리다 / 그들을?

B: Yes, you _____. / _____, you shouldn't.
응, 그러는 게 좋겠어.   아니, 안 그러는 게 좋겠어.

6 A: _____
~하는 게 좋겠니 / 내가 / 기다리다 / 그를?

B: _____, you should. / No, you _____.
응, 그러는 게 좋겠어.   아니, 안 그러는 게 좋겠어.

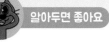 **알아두면 좋아요**

허가할 때는 Sure.로, 허가할 수 없을 때는 I'm sorry, but you can't.로!

May I ~?로 허가를 구하면 'Yes, you may.' 또는 'No, you may not.'으로 대답하면 돼. 하지만 실생활의 대화에서는 긍정의 대답은 흔쾌히 허가를 해 주는 의미로 주로 'Sure.'나 'Of course.' 등을 쓰고, 부정의 대답은 허가해 주지 못하니까 정중히 미안한 마음을 담아서 'I'm sorry, but you can't.'로 쓰지.

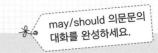

1 A: _____ I get up early every day?　B: Yes, _____ should.

제가 매일 일찍 일어나야 해요?　　　　　　　　　　응, 너는 그래야 해.

2 A: _____ _____ go to bed early?　B: _____, you shouldn't.

제가 일찍 잠자리에 들어야 해요?　　　　　　　　아니, 너는 그러지 않는 게 좋겠어.

3 A: _____ I come back home _____ today?

제가 오늘 일찍 집에 돌아와야 해요?

B: Yes, you _____.

응, 너는 그래야 해.

4 A: _____

저희가 오늘 일찍 집에 돌아와야 해요?

B: _____, you should.

응, 너희는 그래야 해.

5 A: _____ _____ visit our grandpa today?

저희가 오늘 할아버지를 찾아 뵈어야 해요?

B: Yes, you _____.

응, 너희는 그러는 게 좋겠어.

6 A: May we _____ _____ _____ today?　B: Sure.

저희가 오늘 할아버지를 찾아 뵈어도 돼요?　　　　　　　　　물론이야.

7 A: _____ _____ visit my grandpa today?　B: Of _____.

제가 오늘 할아버지를 찾아 뵈어도 돼요?　　　　　　　물론이야.

8 A: _____ _____ meet my friend _____?

제가 오늘 제 친구를 만나도 돼요?

B: I'm sorry, but _____ _____.

미안하지만, 그럴 수 없어.

A: _____ _____ _____ to the movies today?

제가 오늘 영화 보러 가도 돼요?

⑨

B: No, you may _____.

아니, 안 되겠어.

A: _____

저희가 오늘 영화 보러 가도 돼요?

⑩

B: _____ _____, but you can't.

미안하지만, 그럴 수 없어.

A: _____ _____ _____ to the park and play?

저희가 공원에 가서 놀아도 돼요?

⑪

B: _____, you _____.

응, 그래도 돼.

---

⑫ **A:** _____ we _____ soccer here?   **B:** _____.

저희가 여기서 축구를 해도 돼요?   물론이야.

A: May _____ play _____ _____?

제가 여기에서 축구를 해도 돼요?

⑬

B: I'm sorry, _____ you can't.

미안하지만, 그럴 수 없어.

---

⑭ **A:** _____   **B:** _____ course.

내가 네 펜을 써도 되니?   물론이야.

---

⑮ **A:** _____ I _____ your phone?   **B:** Sure. Here you are.

내가 네 전화기를 써도 되니?   물론이야. 여기 있어.

---

⑯ **A:** _____ _____ come in?   **B:** _____. Please come in.

제가 들어가도 되나요?   물론이에요. 들어오세요.

부가의문문

Fred is busy, isn't he?
프레드는 바빠, 그렇지 않니?

★ 상대방의 동의를 구하고 싶다면 평서문 끝에 의문문을 덧붙여 쓴다

'프레드는 바빠, 그렇지 않니?'라고 말하며 상대방의 동의를 구하고 싶다면? 평서문 뒤에 짧은 의문문을 덧붙이는 부가의문문으로 쉽게 해결할 수 있어. 앞 문장은 평서문으로 쓰고, 콤마 뒤에는 짧은 의문문을 덧붙여 쓰는 거야.

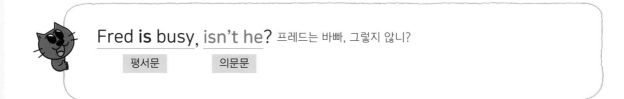

Fred is busy, isn't he? 프레드는 바빠, 그렇지 않니?

평서문   의문문

★ 부가의문문을 만드는 규칙

부가의문문은 긍정문 뒤에는 부정의 의문문을, 부정문 뒤에는 긍정의 의문문을 덧붙인 후, 마지막에 물음표를 붙여서 만들면 돼.

┌ 항상 주격 인칭대명사로 써.

	긍정문, 부정의 의문문	부정문, 긍정의 의문문
be동사가 쓰인 문장	긍정 부정 Mr. Kim **is** a teacher, **isn't he**? 김 씨는 선생님이야, 그렇지 않니? └ 줄임말로 써.	부정 긍정 Mr. Kim **isn't** a teacher, **is he**? 김 씨는 선생님이 아니야, 그렇지?
일반동사가 쓰인 문장	She **plays** the piano, **doesn't she**? 그녀는 피아노를 연주해, 그렇지 않니?	She **doesn't play** the piano, **does she**? 그녀는 피아노를 연주하지 않아, 그렇지?
조동사가 쓰인 문장	John **can** swim, **can't he**? 존은 수영을 할 수 있어, 그렇지 않니?	John **can't** swim, **can he**? 존은 수영을 할 수 없어, 그렇지?

1

스미스 씨는 선생님이야, 그렇지 않니?
Ms. Smith **is** a teacher, **isn't** she?

└ 항상 주격 인칭대명사로 써.

They **aren't** teachers, _____ _____?
그들은 선생님들이 아니야, 그렇지?

2

너는 저녁에 TV를 봐, 그렇지 않니?
You **watch** TV in the evening, **don't you**?

┌ 반드시 줄임말로 써야 해.
└ are not, is not, do not 등으로 쓰면 안돼~

You **don't** work on Saturday, _____ _____?
너는 토요일에 일하지 않아, 그렇지?

3

존과 제인은 저녁을 먹었어, 그렇지 않니?
John and Jane **had** dinner, **didn't they**?

Jane **didn't** have dinner, _____ _____?
제인은 저녁을 먹지 않았어, 그렇지?

4

우리는 야구를 할 예정이었어, 그렇지 않니?
We **were** going to play baseball, _____ _____?

He **wasn't** going to play with her, _____ _____?
그는 그녀와 놀지 않을 예정이었어, 그렇지?

5

너는 거기에 갈 거야, 그렇지 않니?
You **will** go there, **won't you**?

You **won't** go there, _____ _____?
너는 거기에 가지 않을 거야, 그렇지?

6

너는 피아노를 연주할 수 있어, 그렇지 않니?
You **can** play the piano, _____ _____?

You **can't** play the piano, _____ _____?
너는 피아노를 연주할 수 없어, 그렇지?

┌ 끝에 오는 부가의문문은 긍정문, 부정문 구별 없이
└ 우리말로는 '그렇지?' 정도로 해석해도 돼.

1 She is at home, _____ _____? — No, she isn't.
그녀는 집에 있어, 그렇지 않니?   아니, 없어.

2 She _____ at home, _____ _____? — Yes, she is.
그녀는 집에 없어, 그렇지?   아니, 있어.

3 They _____ at home, _____ _____?
그들은 집에 없어, 그렇지?

4 They _____ at home, _____ _____?
그들은 집에 있어, 그렇지 않니?

5 They _____ at home, _____ they?
그들은 집에 있었어, 그렇지 않니?

6 _____
그들은 집에 없었어, 그렇지?

7 They weren't busy, _____ _____?
그들은 바쁘지 않았어, 그렇지?

8 Mr. Brown _____ busy, _____ _____?
브라운 씨는 바쁘지 않았어, 그렇지?

9 Mr. Brown _____ busy, _____ _____?
브라운 씨는 바빴어, 그렇지 않니?

10 Mr. and Mrs. Brown were busy, _____ _____?
브라운 씨 부부는 바빴어, 그렇지 않니?

1 A: You can't swim, _____ _____? B: No, I can't. 우리말 식 대답으로 생각하지 말자!
너는 수영할 수 없어, 그렇지? 응, 할 수 없어. 수영할 수 있으면 Yes,
수영할 수 없으면 No!

2 A: _____ B: _____, I can.
너는 수영할 수 있어, 그렇지 않니? 응, 할 수 있어.

3 A: You _____ going to swim, aren't you? B: _____, I'm not.
너는 수영할 거야, 그렇지 않니? 아니, 안 할 거야.

4 A: You are going to clean the room, _____ _____? B: _____, I am.
너는 방을 청소할 거야, 그렇지 않니? 응, 할 거야.

5 A: You cleaned the room, _____ _____? B: _____, I didn't.
너는 방을 청소했어, 그렇지 않니? 아니, 안 했어.

6 A: You _____ _____ the room, did you? B: _____, I did.
너는 방을 청소하지 않았어, 그렇지? 아니, 했어.

7 A: _____ B: No, they didn't.
그들은 방을 청소하지 않았어, 그렇지? 응, 안 했어.

8 A: They _____ go there, _____ _____? B: _____, they did.
그들은 거기에 가지 않았어, 그렇지? 아니, 갔어.

9 A: They went there, _____ _____? B: _____, they didn't.
그들은 거기에 갔어, 그렇지 않니? 아니, 안 갔어.

95

⑩ A: _____ B: _____, he does.
  존은 거기에 가, 그렇지 않니?   응, 가.

⑪ A: John _____ _____ there, _____ _____? B: No, he doesn't.
  존은 거기에 가지 않아, 그렇지?   응, 안 가.

⑫ A: Susie won't go there, _____ _____? B: _____, she won't.
  수지는 거기에 가지 않을 거야, 그렇지?   응, 안 갈 거야.

⑬ A: Susie _____ go there, _____ _____? B: _____, she won't.
  수지는 거기에 갈 거야, 그렇지 않니?   아니, 안 갈 거야.

⑭ A: Susie _____ _____ to the library, _____ she? B: _____, she will.
  수지는 도서관에 갈 거야, 그렇지 않니?   응, 갈 거야.

알아두면 좋아요

이렇게 생각하면 쉽다!

부가의문문	긍정의 대답	부정의 대답
Fred **is** busy, **isn't he**? 프레드는 바빠, 그렇지 않니? Fred **isn't** busy, **is he**? 프레드는 바쁘지 않아, 그렇지?	(프레드가 바쁘면) Yes, he is.	(프레드가 바쁘지 않으면) No, he isn't.
Jane **went** there, **didn't she**? 제인은 거기에 갔었어, 그렇지 않니? Jane **didn't** go there, **did she**? 제인은 거기에 가지 않았어, 그렇지?	(제인이 갔으면) Yes, she did.	(제인이 가지 않았으면) No, she didn't.
John **can** swim, **can't he**? 존은 수영할 수 있어, 그렇지 않니? John **can't** swim, **can he**? 존은 수영할 수 없어, 그렇지?	(존이 수영할 수 있으면) Yes, he can.	(존이 수영할 수 없으면) No, he can't.

의문사 what

What is it?
그것은 무엇이니?

⭐ **'무엇'에 대해 물어볼 때는 의문사 what을 쓴다**

이번에는 '누가(who), 언제(when), 어디에(where), 무엇(what), 어떻게(how), 왜(why)' 했는지 물을 때 쓰는 의문문을 만들어 보자. 의문사 의문문은 앞에서 익혔던 의문문(동사 + 주어 ~?)과 어순이 같아. **의문사를 문장 맨 앞에 붙여 준다는** 점은 잊지 말자!

who	누가
when	언제
where	어디에
what	무엇
how	어떻게
why	왜

의문사

〈be동사가 쓰인 의문문〉

1단계:
일반 의문문 만들기

It **is** a computer. 그것은 컴퓨터야.

Is it a computer? 그것은 컴퓨터니?

2단계:
의문사 붙이기

묻고 싶은 것(a computer)을 what으로 바꿔 의문문 맨 앞으로!

What is it? 그것은 무엇이니?

└─▶ '무엇'이라는 뜻의 의문사

〈일반동사가 쓰인 의문문〉

1단계:
일반 의문문 만들기

She **likes** movies. 그녀는 영화를 좋아해.

Does she **like** movies? 그녀는 영화를 좋아하니?

2단계:
의문사 붙이기

묻고 싶은 것(movies)을 what으로 바꿔 의문문 맨 앞으로!

What does she like? 그녀는 무엇을 좋아하니?

└─▶ '무엇'이라는 뜻의 의문사

1

이것은 컴퓨터야.
This is a computer. ➡ 이것은 컴퓨터니?
Is this **a computer**?

➡ _____ is this? ◄——— ⌐ what + be동사 + 주어 ~?
　무엇　　　　　　　/ ~이니 / 이것은?

2

네 이름이 제인이구나.
Your name is Jane. ➡ 네 이름이 제인이니?
Is your name **Jane**?

➡ _____ _____ your name?
　무엇　　　　　　　/ ~이니　　　/ 네 이름은?

3

너는 영화를 좋아하는구나.
You like movies. ➡ 너는 영화를 좋아하니?
Do you like **movies**?

➡ _____ _____ you like? ◄——— ⌐ What + do/does/did + 주어 + 동사원형 ~?
　무엇　　　　　　　/ ~하니　　　/ 너는　/ 좋아하다?

4

너는 지난 일요일에 야구를 했구나.
You played baseball last Sunday. ➡ 너는 지난 일요일에 야구를 했니?
Did you **play baseball** last Sunday?

➡ _____ _____ _____ _____ last Sunday?
　무엇을　　　　　/ ~했니　　　/ 너는　　　/ 하다　　/ 지난 일요일에?

5

그는 이번 주에 집에 있을 예정이야.
He's going to stay home this week. ➡ 그는 이번 주에 집에 있을 예정이니?
Is he going to **stay home** this week?

➡ _____ _____ _____ _____ do this week?
　무엇을　　　　/ ~이니　　/ 그는　　/ 할 예정인　　　　/ 이번 주에?

6

너는 쿠키를 만들 수 있어.
You can make cookies. ➡ 너는 쿠키를 만들 수 있니?
Can you **make cookies**?

➡ _____ _____ you do? ◄——— ⌐ What + 조동사 + 주어 + 동사원형 ~?
　무엇을　　　　　/ ~할 수 있니　/ 너는　/ 하다?

1 A: _____ is this? B: This _____ a tablet PC.

무엇　　　　　　　 / ~이니 / 이것은?　　이것은 / 이다　　 / 태블릿 PC.

2 A: _____ _____ they? B: They _____ soccer balls.

무엇　　　　　　 / ~이니　　　　 / 그것들은?　　그것들은 / 이다　　　 / 축구공들.

3 A: _____ do they _____? B: _____ like soccer.

무엇을　　　　 / ~하니 / 그들은 / 좋아하다?　　　　그들은　　　　 / 좋아하다 / 축구를.

4 A: _____ _____ he like? B: He _____ music.

무엇을　　　　 / ~하니　　　 / 그는 / 좋아하다?　　그는 / 좋아하다　　 / 음악을.

5 A: _____ does he _____? ◄──────┌ 직업을 묻는 표현

무엇을　　　 / ~하니 / 그는 / 하다?

B: _____ is a teacher. / He _____ math.

그는　　 / 이다 / 선생님.　　그는 / 가르친다　　　 / 수학을.

6 A: _____ _____ you do? B: I _____ an English _____.

무엇을　　　　 / ~하니　　 / 너는 / 하다?　　나는 / 이다　　 / 영어 선생님.

7 A: _____ _____ you _____ on Saturday? B: I will _____ hiking.

무엇을　　　　 / ~할 거니　　 / 너는 / 하다　 / 토요일에?　　　　　　나는 / ~할 것이다 / 가다 / 하이킹을 하러.

8 A: _____ will _____ do _____ Saturday?

무엇을　　　 / ~할 거니 / 그녀는　 / 하다 / 토요일에?

B: She _____ go _____ the movies.

그녀는 / ~할 것이다　　 / 가다 / 영화를 보러.

알아두면 좋아요

의문사로 시작하는 의문문에는 Yes 또는 No로 대답할 수 없어.

우리말에서도 '그것은 뭐니?(What is it?)'라고 물었는데 '네'라고 대답하면 이상하잖아. 의문사로 시작하는 의문문에 답할 때는 Yes/No의 대답을 할 수 없어. What으로 물으면 '무엇'인지 구체적으로 밝혀 주는 대답을 해야 하는 거야.

What is it?
그것은 뭐니?

Yes!

1

A: _____ is she doing?

그녀는 뭐 하고 있어?

B: She's sleeping.

그녀는 자고 있어.

2

A: _____ _____ _____ going to do?

그녀는 무엇을 할 예정이니?

B: She's _____ _____ meet her friend.

그녀는 그녀의 친구를 만날 거야.

3

A: _____

너는 무엇을 할 예정이니?

B: I'm going to _____ soccer.

나는 축구를 할 거야.

4

A: _____ are you going to buy?

너는 무엇을 살 예정이니?

B: _____ _____ _____ buy a cap.

나는 모자를 살 거야.

5

A: _____ will you _____?

너는 무엇을 살 거니?

B: I'll _____ a T-shirt.

나는 티셔츠를 살 거야.

6

A: _____ _____ you buy?

너는 무엇을 샀니?

B: I _____ a dress.

나는 드레스를 샀어.

7

A: _____

그들은 무엇을 샀니?

B: They bought some fruit.

그들은 과일을 조금 샀어.

A: _____ _____ they eat?

그들은 무엇을 먹었니?

8

B: They ate _____.

그들은 피자를 먹었어.

A: _____

그는 무엇을 먹었니? (eat 이용)

9

B: He _____ a steak.

그는 스테이크를 먹었어.

A: _____ is _____ eating?

그는 무엇을 먹고 있니?

10

B: He's _____ a hamburger.

그는 햄버거를 먹고 있어.

A: _____ are _____ doing?

그들은 무엇을 하고 있어?

11

B: They're _____ baseball.

그들은 야구를 하고 있어.

A: _____ _____ they do?

그들은 무엇을 했어?

12

B: They _____ the classroom.

그들은 교실을 청소했어.

A: _____ did she _____?

그녀는 무엇을 했니?

13

B: She cleaned her _____.

그녀는 그녀의 침실을 청소했어.

A: _____

그녀는 무엇을 할 수 있니?

14

B: She can play the violin.

그녀는 바이올린을 연주할 수 있어.

바빠 영문법 **19**

의문사 when/where

When is your birthday?
네 생일은 언제니?

⭐ **의문사 when은 '언제'라는 뜻으로 시간이나 날짜 등을 물어볼 때 쓴다**

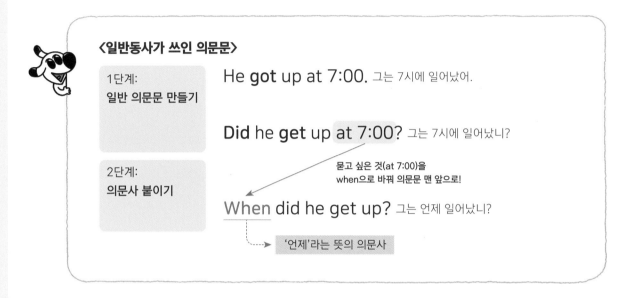

〈일반동사가 쓰인 의문문〉

1단계:
일반 의문문 만들기

He **got** up at 7:00. 그는 7시에 일어났어.

Did he **get** up at 7:00? 그는 7시에 일어났니?

묻고 싶은 것(at 7:00)을
when으로 바꿔 의문문 맨 앞으로!

2단계:
의문사 붙이기

When did he get up? 그는 언제 일어났니?

'언제'라는 뜻의 의문사

⭐ **의문사 where은 '어디에(서)'라는 뜻으로 위치를 물어볼 때 쓴다**

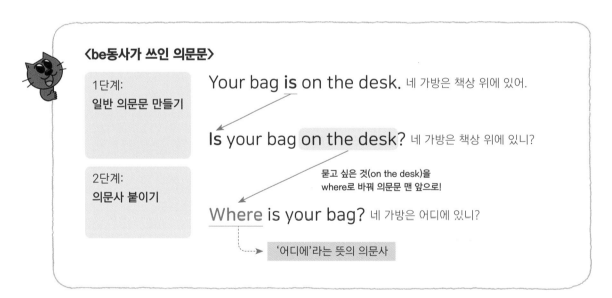

〈be동사가 쓰인 의문문〉

1단계:
일반 의문문 만들기

Your bag **is** on the desk. 네 가방은 책상 위에 있어.

Is your bag on the desk? 네 가방은 책상 위에 있니?

묻고 싶은 것(on the desk)을
where로 바꿔 의문문 맨 앞으로!

2단계:
의문사 붙이기

Where is your bag? 네 가방은 어디에 있니?

'어디에'라는 뜻의 의문사

1

네 생일은 5월 1일이구나.
Your birthday is May 1st. ⇨ 네 생일이 5월 1일이니?
Is your birthday May 1st?

⇨ _____ is your _____?
언제   / ~이니 / 네 생일이?

2

너는 내일 회의를 열 거야.
You will have the meeting tomorrow.
⇨ Will you have the meeting tomorrow?
너는 내일 회의를 열 거니?

⇨ _____ will you _____ the meeting?
언제   / ~할 거니 / 너는 / 회의를 열다?

3

그는 오후에 수영하러 간다.
He goes swimming in the afternoon.
⇨ Does he go swimming in the afternoon?
그는 오후에 수영하러 가니?

⇨ _____ does he _____ swimming?
언제   / ~하니 / 그는 / 수영하러 가다?

4

네 연필은 책상 위에 있어.
Your pencil is on the desk. ⇨ 네 연필이 책상 위에 있니?
Is your pencil on the desk?

⇨ _____ _____ your pencil?
어디에   / 있니   / 네 연필이?

5

너는 어제 공원에 갔었구나.
You went to the park yesterday. ⇨ 너는 어제 공원에 갔었니?
Did you go to the park yesterday?

⇨ _____ did you go yesterday?
어디에   / ~했니 / 너는 / 가다 / 어제?

6

그녀는 영화를 보러 가고 있어.
She's going to the movies. ⇨ 그녀는 영화를 보러 가고 있니?
Is she going to the movies?

⇨ _____ is she _____?
어디에   / ~이니 / 그녀는 / 가고 있는?

1 A: _____ _____ the party?
언제　　　　　　　 / ~이니　　　 / 그 파티가?

B: It's next _____.
그것은 ~이다 / 다음 주 토요일.

2 A: _____ will you have the _____?
언제　　　　　　　　 / ~할 거니 / 너는 / 파티를 열다?

B: We'll have the party _____ July 10th.
우리는 ~할 것이다 / 파티를 열다　　　 / 7월 10일에.

3 A: _____ _____ you have the party?
언제　　　　　　　 / ~했니　　　 / 너는　　 / 파티를 열다?

B: I had the party _____ weekend.
나는 / 파티를 열었다　　　 / 지난 주말에.

4 A: _____ did _____ _____ _____ _____?
어디에서　　　　　　 / ~했니 / 너는　　　 / 파티를 열다?

B: We _____ the party at the restaurant.
우리는 / 파티를 열었다　　　　　　　 / 레스토랑에서.

5 A: _____ are you going to _____ the party?
어디에서　　　　　　 / ~할 거니 / 너는　　　　　 / 파티를 열다?

B: _____ _____ _____ _____ the party at the restaurant.
우리는 ~할 것이다　　　　　　　　　　　 / 파티를 열다　　　　 / 레스토랑에서.

6 A: _____ _____ _____ _____ have the party?
어디에서　　　　　　 / ~할 거니 / 그녀는　　　　　　　　　　　 / 파티를 열다?

B: She's _____ _____ _____ the party at her house.
그녀는 ~할 것이다　　　　　　　　 / 파티를 열다　　　　 / 그녀의 집에서.

1 A: _____ are you _____?   B: I'm from _____.
너는 어디 출신이니?   나는 한국 출신이야.

2 A: _____
그는 어디 출신이니?

B: He's _____ France.
그는 프랑스 출신이야.

3 A: _____ is he going?
그는 어디에 가고 있는 거니?

B: He's going _____ the library.
그는 도서관에 가고 있어.

4 A: Where does he _____?   B: He _____ home.
그는 어디에 가니?   그는 집에 가.

5 A: _____ _____ he go home?
그는 언제 집에 가니?

B: He goes home _____ five o'clock.
그는 5시에 집에 가.

6 A: _____
너는 언제 집에 가니?

B: I _____ _____ at four o'clock.
나는 4시에 집에 가.

7 A: _____ do you have lunch?
너는 언제 점심을 먹니?

B: I have lunch _____ _____.
나는 정오에 점심을 먹어.

8

A: _____ _____ you have _____?

너는 어디에서 점심을 먹니?

B: I have lunch _____ my classroom.

나는 우리 교실에서 점심을 먹어.

9

A: _____

너는 어디에서 점심을 먹었니?

B: I had _____ at the Chinese restaurant.

나는 중식당에서 점심을 먹었어.

10

A: _____ _____ she have lunch?

그녀는 언제 점심을 먹었니?

B: She had lunch _____ one o'clock.

그녀는 1시에 점심을 먹었어.

11

A: _____ did _____ cook?

그녀는 언제 요리했니?

B: She cooked _____ _____ _____.

그녀는 오전에 요리했어.

12

A: _____   B: She _____ in the yard.

그녀는 어디에서 요리했니?   그녀는 마당에서 요리했어.

13

A: _____ does she cook?   B: She cooks _____ the kitchen.

그녀는 어디에서 요리하니?   그녀는 부엌에서 요리해.

14

A: _____ _____ she live?

그녀는 어디에 사니?

B: She lives _____ Seoul.

그녀는 서울에서 살아.

⭐ '누구'인지 물어볼 때는 의문사 who/whom(who의 목적격)을 쓴다

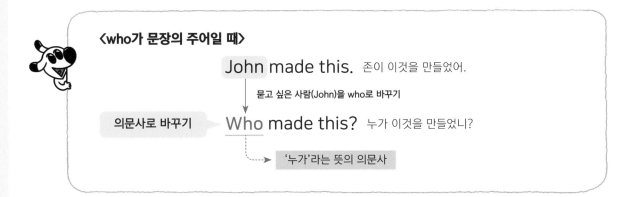

〈who가 문장의 주어일 때〉

John made this. 존이 이것을 만들었어.

묻고 싶은 사람(John)을 who로 바꾸기

의문사로 바꾸기 → Who made this? 누가 이것을 만들었니?

'누가'라는 뜻의 의문사

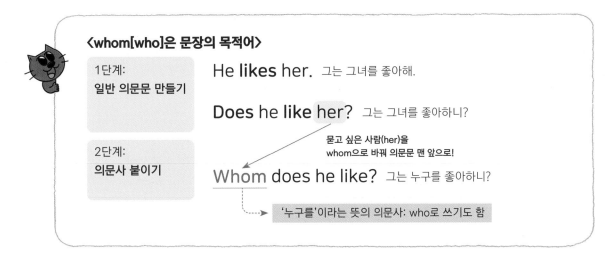

〈whom[who]은 문장의 목적어〉

1단계:
일반 의문문 만들기

He likes her. 그는 그녀를 좋아해.

Does he like her? 그는 그녀를 좋아하니?

묻고 싶은 사람(her)을
whom으로 바꿔 의문문 맨 앞으로!

2단계:
의문사 붙이기

Whom does he like? 그는 누구를 좋아하니?

'누구를'이라는 뜻의 의문사: who로 쓰기도 함

⭐ '누구의' 것인지 물어볼 때는 의문사 whose를 쓴다

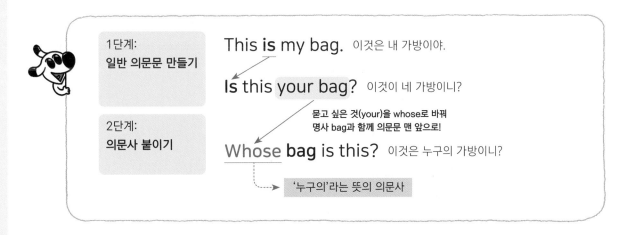

1단계:
일반 의문문 만들기

This is my bag. 이것은 내 가방이야.

Is this your bag? 이것이 네 가방이니?

묻고 싶은 것(your)을 whose로 바꿔
명사 bag과 함께 의문문 맨 앞으로!

2단계:
의문사 붙이기

Whose bag is this? 이것은 누구의 가방이니?

'누구의'라는 뜻의 의문사

1

그녀는 내 사촌이야.
She is my cousin. ⇨ 그녀는 네 사촌이니?
Is she your cousin?

⇨ _____ is she?
누구 　 / ~이니 / 그녀는?

2

이 사람은 존이야.
This is John. ⇨ 이 사람이 존이니?
Is this John?

⇨ _____ is this? ◄──── 전화 통화에서 자주 쓰이는 말로
누구 　 / ~이니 / 이 사람은? 　 전화를 건 상대방에게 '누구세요?'라고 묻는 말이야.
　 짧게 줄여서 Who's this?로 쓰기도 해.

3

존이 이것을 만들었어.
John made this.

⇨ _____ made this?
누가 　 / 만들었니 / 이것을?

4

이것은 네 모자야.
This is your cap. ⇨ 이것이 네 모자니?
Is this your cap?

⇨ _____ _____ is this?
누구의 　 / 모자 　 / ~이니 / 이것은?

5

너는 오늘 네 옛 친구를 만났구나.
You met your old friend today. ⇨ 너는 오늘 네 옛 친구를 만났니?
Did you meet your old friend today?

⇨ _____did you meet today? 　 구이체에서는 '누구를'이라는 뜻의 의문사로
누구를 　 / ~했니 / 너는 / 만나다 / 오늘? 　 whom 대신 who를 쓰기도 해.

6

그들은 존과 벤을 초대했어.
They invited John and Ben. ⇨ 그들은 존과 벤을 초대했니?
Did they invite John and Ben?

⇨ _____ did they invite?
누구를 　 / ~했니 / 그들은 / 초대하다?

1 A: _____ are you?
누구 / ~이에요 / 당신은?

    B: I _____ John's roommate.
저는 / ~입니다 / 존의 룸메이트.

2 A: _____ _____ this?
누구 / ~이에요 / 이 사람은?

    B: This is Jane.
이 사람은 / ~입니다 / 제인.

3 A: _____ _____ that boy?
누구 / ~이니 / 저 소년은?

    B: He's my _____.
그는 ~이야 / 내 사촌.

4 A: _____ _____ he?
누구 / ~이니 / 그는?

    B: He's my _____.
그는 ~이야 / 내 남동생.

5 A: _____ is _____ to come?
누가 / ~할 거니 / 오다?

    B: John _____ going _____ _____.
존이 / ~할 것이다 / 오다.

6 A: _____ _____ _____ to the party?
누가 / ~할 거니 / 오다 / 파티에?

    B: John and Susie _____ come to the party.
존과 수지가 / ~할 것이다 / 오다 / 파티에.

알아두면 좋아요

who/whom/whose 의문문에 대한 대답

① who[whom]로 물어보면 사람으로 대답해야 해.

예 A: Who is she? 그녀는 누구니?
   B: She is my cousin. 그녀는 내 사촌이야.

예 A: Who is going to come next?
누가 다음에 올 예정이니?
   B: Mary is going to come.
메리가 올 거야.

② whose로 물어보면 소유격이나 소유대명사를 써서 대답해야 해.

예 A: Whose camera is this?
이것은 누구의 카메라니?
   B: It is mine. 그것은 내 거야.

문제로 문법 정리

빈칸에 알맞은 의문사를 〈보기〉에서 골라 쓰세요.

보기 who whose whom

1. A: _____ phone is this?
   B: It's mine.

2. A: _____ cooked it?
   B: My sister did.

1
A: _____ _____ is this?   B: It's _____.
이것은 누구의 가방이니?
그것은 내 것이야.

2
A: _____ house is this?   B: This is _____ house.
이것은 누구의 집이니?
이것은 제인의 집이야.

3
A: _____   B: That is _____ house.
저것은 누구의 집이니?
저것은 프레드의 집이야.

4
A: _____ sister is that?   B: That is _____ sister.
저 사람은 누구의 누나[언니]니?
저 사람은 존의 누나야.

5
A: _____ is that little girl?   B: She is _____ _____.
저 어린 여자 아이는 누구니?
그녀[그 여자 아이]는 내 여동생이야.

6
A: _____ _____ help that girl?   B: _____ _____ help her.
누가 저 여자 아이를 도와줄 거니?
내가 그녀[그 여자 아이]를 도와줄 거야.

7
A: _____   B: I will help _____.
누가 날 도와줄 거야?
내가 너를 도와줄게.

8
A: Who _____ you?   B: _____.
누가 널 도와주었니?
우리 언니가 나를 도와줬어.

9
A: _____ took care of _____?
누가 널 돌봐 주었니?

B: My grandparents _____ _____ of me.
우리 조부모님이 나를 돌봐 주셨어.

10

A: _____ _____ take care of her?
누가 그녀를 돌봐 줄 수 있니?

B: My mother can _____ care of her.
우리 어머니가 그녀를 돌봐 줄 수 있어.

11

A: _____ _____ take you to the hospital?
누가 너를 병원에 데리고 갈 수 있니?

B: _____ _____ _____ take me to the hospital.
우리 아버지가 나를 병원에 데리고 가실 수 있어.

12

A: _____,_____
누가 너를 병원에 데리고 갔니?

B: My father took _____ to the hospital.
우리 아버지가 나를 병원에 데리고 가셨어.

13

A: _____ did you take to the hospital?
너는 누구를 병원에 데리고 갔니?

B: _____ _____ _____ _____ to the hospital.
나는 내 여동생을 병원에 데리고 갔어.

14

A: _____
너는 오늘 오전에 누구를 만났니?

B: _____ _____ my friend this morning.
나는 오늘 오전에 내 친구를 만났어.

 **알아두면 좋아요**

필수 단어 mine 나의 것 help 돕다 take care of ~을 돌보다[관리하다] take 데리고 가다 hospital 병원 this morning 오늘 오전

111

바빠 영문법 21

의문사 how/how many/how much

How are you?

너는 어떻게 지내니?

⭐ how는 '어떻게', '어떤'이란 뜻으로 상태나 수단, 방법, 날씨 등에 대해 물어볼 때 쓴다

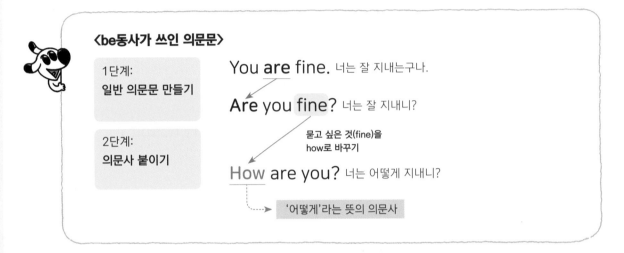

〈be동사가 쓰인 의문문〉

1단계:
일반 의문문 만들기

You **are** fine. 너는 잘 지내는구나.

Are you fine? 너는 잘 지내니?

묻고 싶은 것(fine)을
how로 바꾸기

2단계:
의문사 붙이기

How are you? 너는 어떻게 지내니?

'어떻게'라는 뜻의 의문사

⭐ how many와 how much는 '얼마나 많은'이란 뜻으로 how many는 개수를, how much는 양을 물어볼 때 쓴다

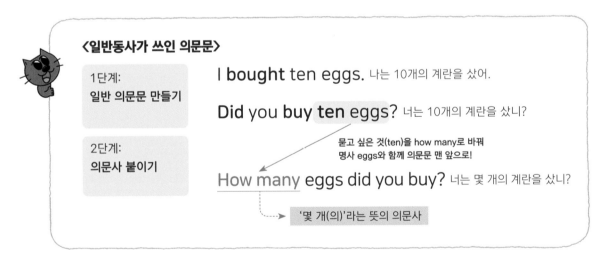

〈일반동사가 쓰인 의문문〉

1단계:
일반 의문문 만들기

I **bought** ten eggs. 나는 10개의 계란을 샀어.

Did you **buy ten** eggs? 너는 10개의 계란을 샀니?

묻고 싶은 것(ten)을 how many로 바꿔
명사 eggs와 함께 의문문 맨 앞으로!

2단계:
의문사 붙이기

How many eggs did you buy? 너는 몇 개의 계란을 샀니?

'몇 개(의)'라는 뜻의 의문사

✏️ **쓰면서 확인해 봐요!**

How old ~? 몇 살 ~? (나이)	How ¹_____ are you? 너는 몇 살이니?
How many ~? 몇 개 ~? (개수)	²_____ many are there? 몇 개가 있니?
How much ~? 얼마 ~? (가격, 양)	³_____ much is it? 얼마예요?

정답 1 old 2 How 3 How

나는 피곤해.　　　　너는 피곤하니?

I'm tired. ⇨ **Are you tired?**

1

⇨ _____ are you today?

어떤　　　　　　/ ~이니 / 너는 / 오늘?

나는 12살이야.　　　　　　너는 12살이니?

I am 12 years old. ⇨ **Are you 12 years old?**

2

⇨ _____ _____ are you? ◄——— □ how old + be동사 + 주어?: ~는 몇 살이니?

몇 살　　　　　　　　　　/ ~이니 / 너는?

그것은 20달러야.　　　　　　그것은 20달러니?

It's twenty dollars. ⇨ **Is it twenty dollars?**

3

⇨ _____ _____ is it?

얼마　　　　　　　　　　/ ~이니 / 그것은?

나는 사과 3개를 원해.　　　　　너는 사과 3개를 원하니?

I want three apples. ⇨ **Do you want three apples?**

4

⇨ _____ _____ _____ do you want?

몇 개의　　　　　　　　　/ 사과를　　　　　　　/ ~하니 / 너는 / 원하다?

나는 버스로 학교에 가.　　　　　너는 버스로 학교에 가니?

I go to school by bus. ⇨ **Do you go to school by bus?**

5

⇨ _____ do you go to school?

어떻게　　　　/ ~하니 / 너는 / 학교에 가다?

by bus: 버스로
by subway: 지하철로
by car: 자동차로
by bike: 자전거로
by train: 기차로
by plane: 비행기로
on foot: 걸어서

나는 매일 아침 물 한 잔을 마셔.

I drink a glass of water every morning.

⇨ **Do you drink a glass of water every morning?**

너는 매일 아침 물 한 잔을 마시니?

6

⇨ _____ _____ _____ do you drink every morning?

얼마나 많은　　　　　　　　/ 물을　　　　　　　　/ ~하니 / 너는 / 마시다　/ 매일 아침?

① A: _____ is the weather?
   어떤   / ~이니 / 날씨가?

   B: It's _____.
   (비인칭 주어) ~이다 / 비가 오는.

② A: _____ _____ your weekend?
   어떤   / ~이었니   / 네 주말은?

   B: It _____ great.
   그것은 / ~이었다   / 아주 좋은.

③ A: _____ are _____ today?
   어떤   / ~이니 / 너는   / 오늘?

   B: I'm _____ _____.
   나는 ~이다 / 나쁘지 않은.

④ A: _____ _____ cars are there?
   몇 대의 차가   / 있니?

   B: _____.
   있다 / 4대의 차가.

⑤ A: _____ _____ _____ your brother?
   몇 살   / ~이니   / 네 형은?

   B: He's 15 _____ _____. ◄——— ┌간단하게 He's 15.이라고 말해도 돼.
   그는 ~이다 / 15살.

⑥ A: _____ _____ _____ do you need?
   얼마나 많은 물이   / ~하니 / 너는 / 필요하다?

   B: I _____ _____ _____ water.
   나는 / 필요하다   / 약간의   / 물이.

알아두면 좋아요

사물의 오래된 정도를 물을 때에도 쓰이는 How old ~? 표현

How old ~?는 사람의 나이뿐 아니라 물건 등이 얼마나 오래됐는지 물어볼 때도 쓸 수 있어. 대답하는 방법은 사람의 나이를 말할 때와 같아.

예 A: How old is the building?
   그 건물은 얼마나 오래됐니?

   B: It's 100 years old.
   그것은 100년이 되었어.

1

A: _____ do you _____ to school?
너는 어떻게 학교에 가니? (교통 수단)

B: I _____ to school _____ bus.
나는 버스로 학교에 가.

2

A: _____ did you go _____ the market?
너는 어떻게 시장에 갔었니? (교통 수단)

B: I _____ _____ the market _____ subway.
나는 지하철로 시장에 갔었어.

3

A: _____ _____ _____ _____ you buy in the market?
너는 시장에서 몇 개의 계란을 살 거니?

B: I _____ buy _____ _____.
나는 계란 10개를 살 거야.

□ 숫자는 영어로 써 보자!

4

A: _____ _____ _____ are you _____ to buy?
너는 몇 개의 계란을 살 거니?

B: I'm going to buy _____ _____.
나는 계란 20개를 살 거야.

5

A: _____ _____ _____ _____ you going to eat?
너는 몇 개의 계란을 먹을 거니?

B: I'm going to eat _____ _____.
나는 계란 2개를 먹을 거야.

6

A: _____
너는 몇 개의 계란을 먹었니? (eat 이용)

B: I _____ three eggs.
나는 계란 3개를 먹었어.

7

A: _____ _____ _____ _____ you have?

너는 몇 개의 계란을 갖고 있니?

B: I _____ seven eggs.

나는 계란 7개를 갖고 있어.

8

A: _____ _____ _____ do you have?

당신은 몇 명의 자녀가 있어요?

B: I have _____ children.

저는 2명이 있어요.

9

A: _____ _____ _____ do you have?

당신은 돈을 얼마나 갖고 있어요?

B: I have _____ dollars.

나는 50달러를 갖고 있어요.

10

A: _____

그것들은 얼마예요?

B: They're _____ dollars.

그것들은 30달러예요.

11

A: _____ _____ _____ these apples?

이 사과들은 얼마예요?

B: They're _____ dollars.

그것들은 15달러예요.

12

A: _____

이것은 얼마예요?

B: It's _____ dollars.

그것은 8달러예요.

바빠 영문법 22

목적어로 쓰이는 to부정사

I like to eat apples.

나는 사과 먹는 것을 좋아해.

⭐ '~하는 것', '~하기'를 나타낼 때는 <to + 동사원형>으로 쓴다

'나는 사과를 좋아해'라고 간단히 말할 수 있지만, '나는 사과 **먹는 것을 좋아해**'처럼 구체적으로 설명할 수도 있잖아. 이때 '먹는 것'은 동사 '먹다(eat)'를 명사처럼 바꾸어 표현한 것인데, 이럴 때 영어에서는 to의 도움을 받아 **<to + 동사원형>**의 형태인 **to부정사**를 써. to부정사는 주어, 목적어, 보어 자리에 올 수 있는데, 여기서는 **목적어로 쓰이는 to부정사**를 익혀 보도록 하자.

I like <u>apples</u>. 나는 사과를 좋아해.
　　　목적어

I like <u>to eat apples</u>. 나는 사과 먹는 것을 좋아해.
　　　　목적어

> to eat(먹는 것): 동사를 명사처럼 바꾸어 사용한 to부정사

⭐ to부정사를 목적어로 사용하는 동사

to부정사를 목적어로 사용하는 동사들이 있어. want, plan, learn, hope, like, love 같은 동사들이지.

want　plan　learn hope　like　love	⊕	to + 동사원형

I **want** to sleep. 나는 잠자는 것을 원한다.	She **plans** to travel. 그녀는 여행하는 것을 계획한다.
He **learned** to play the piano. 그는 피아노 치는 것을 배웠다.	They **hope** to have peace. 그들은 평화를 갖기를 희망한다.
You **like** to eat apples, don't you? 너는 사과 먹는 것을 좋아하지, 그렇지 않니?	We **love** to have a party. 우리는 파티 여는 것을 무척 좋아해.

1

나는 / 원한다 / 약간의 피자를.
I want some pizza.

I want _____ _____ some pizza.
나는 / 원한다 / 먹기를 (eat 이용)   / 약간의 피자를.

여행을 하다

t [ ] k e a
t [ ] i p

2

그들은   / 계획할 것이다   / 여행을.
They will plan a trip.

They will plan _____ _____ a trip.
그들은   / 계획할 것이다 / 하는 것을   / 여행을.

3

그녀는 / 좋아했다 / 음악을.
She liked music.

She liked _____ _____ to music.
그녀는 / 좋아했다 / 듣는 것을   / 음악을.

평화

p e [ ] c e

4

그는 / 무척 좋아한다 / 영화를.
He loves movies.

He loves _____ _____ movies.
그는 / 무척 좋아한다 / 보는 것을   / 영화를.

5

우리는 / 희망한다 / 평화를.
We hope for peace.

We hope _____ _____ peace.
우리는 / 희망한다 / 갖기를   / 평화를.

6

나는 / 배웠다   / 영어를.
I learned English.

I learned _____ _____ English.
나는 / 배웠다   / 말하는 것을   / 영어로.

1 She _____ to play the violin.
그녀는 / 배운다 / 연주하는 것을 / 바이올린을.

2 She _____ _____ write Chinese.
그녀는 / 배운다 / 쓰는 것을 / 중국어를.

3 _____ _____ _____ _____ Chinese.
그들은 / 배운다 / 쓰는 것을 / 중국어를.

4 They like _____ _____ _____.
그들은 / 좋아한다 / 쓰는 것을 / 중국어를.

5 They _____ _____ _____.
그들은 / 좋아한다 / 여행하는 것을.

6 _____ _____ _____ travel.
그는 / 좋아한다 / 여행하는 것을.

7 He _____ to travel.
그는 / 계획한다 / 여행하는 것을.

8 He _____ _____ _____ to England.
그는 / 계획한다 / 여행하는 것을 / 영국으로.

9 He _____ to travel to England.
그는 / 희망한다 / 여행하기를 / 영국으로.

10 _____ _____ _____ the Tower of London.
그는 / 희망한다 / 보기를 / 런던 탑을.

🐱 **문제로 문법 정리**

괄호 안의 표현 중 알맞은 것을 고르세요.

1. We want (take / to take) a trip.

2. My sister hoped (learn / to learn) Korean.

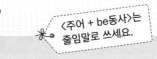

<주어 + be동사>는
줄임말로 쓰세요.

1 제인은 영화 보러 가는 것을 무척 좋아해.

Jane _____ _____ _____ to the movies.

2 제인은 영화 보러 가는 것을 좋아해.

Jane likes _____ _____ _____ _____ _____.

3 제인은 배드민턴 치는 것을 좋아해.

Jane _____ _____ _____ badminton.

4 나는 배드민턴 치는 것을 좋아해.

도전! 문장 쓰기

_____

5 나는 배드민턴을 치고 싶었어.

I wanted _____ _____ badminton.

6 나는 테니스를 배우고 싶었어.

I _____ _____ learn tennis.

7 그들은 테니스를 배우고 싶었어.

도전! 문장 쓰기

_____

8 그들은 테니스 치는 것을 배우고 있어.

They're learning _____ _____ _____.

9 그들은 피아노 치는 것을 배우고 있어.

_____ _____ _____ the piano.

10 그는 피아노 치는 것을 배우고 있어.

도전! 문장 쓰기

_____

그는 피아노를 치는 것을 계획하고 있어.

11 He's planning _____ _____ the piano.

그는 피아노를 치는 것을 계획했어.

12 He _____ _____ _____ the piano.

그는 캠핑 가는 것을 계획했어.

13 _____

도전! 문장 쓰기

우리는 캠핑 가기를 희망했어.

14 We _____ to go camping.

우리는 당신을 다시 보기를 바라요.

15 We _____ _____ see you again.

우리는 당신을 다시 보기를 원해요.

16 We _____ _____ _____ you again.

그녀는 삼촌을 방문하기를 원했어.

17 She _____ _____ visit her uncle.

그녀는 그녀의 삼촌을 방문하기를 원해.

18 _____

도전! 문장 쓰기

 알아두면 좋아요

필수 단어 go to the movies 영화 보러 가다 want 원하다 tennis 테니스 learn 배우다 plan 계획하다 go camping 캠핑하러 가다
hope 희망하다, 바라다 visit 방문하다 uncle 삼촌

목적어로 쓰이는 동명사

바빠 영문법 23 **I like eating apples.**
나는 사과 먹는 것을 좋아해.

✪ '~하는 것', '~하기'를 나타낼 때는 <동사원형 + -ing>로 쓸 수 있다

동사를 명사처럼 바꾸어 '~하는 것', '~하기'라는 의미를 나타낼 때 to부정사만 쓸 수 있는 것이 아니야. <동사원형 + -ing> 형태의 동명사도 쓸 수 있어. 동명사도 to부정사와 마찬가지로 주어, 목적어, 보어 자리에 쓰일 수 있는데, **목적어로 쓰이는 동명사**에 대해서 알아보자.

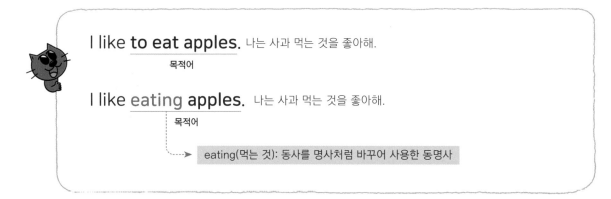

I like **to eat apples.** 나는 사과 먹는 것을 좋아해.
　　　　목적어

I like **eating apples.** 나는 사과 먹는 것을 좋아해.
　　　목적어

　　　→ eating(먹는 것): 동사를 명사처럼 바꾸어 사용한 동명사

✪ 동명사만을 목적어로 사용하는 동사

동사의 목적어 자리에는 to부정사와 동명사를 모두 사용할 수 있다고 배웠지? 그중에서 **동명사만을 목적어로 쓰는 동사**들이 있어.

enjoy finish mind ⊕ 동사원형 + -ing

I **enjoyed** dancing. 나는 춤추는 것을 즐겼다.	She will **finish** writing a letter. 그녀는 편지 쓰는 것을 끝낼 것이다.
He **minds** swimming. 그는 수영하는 것을 꺼린다.	

✪ to부정사와 동명사를 모두 목적어로 사용할 수 있는 동사

begin start like love ⊕ to + 동사원형 / 동사원형 + -ing

동사가 -e로 끝나면 -e 빼고 -ing를 붙이는 거야.

They **began** making[to make] cookies. 그들은 쿠키를 만들기 시작했다.	She **started** learning[to learn] yoga. 그녀는 요가를 배우기 시작했다.
You **like** eating[to eat] apples, don't you? 너는 사과 먹는 것을 좋아하지, 그렇지 않니?	We **love** having[to have] a party. 우리는 파티 여는 것을 무척 좋아해.

나는 / 즐겼다   / 영화를.

I enjoyed movies.

1

I _____ _____ movies.

나는 / 즐겼다   / 보는 것을   / 영화를.

그들은   / 마쳤다   / 점심을.

They finished lunch.

2

They _____ _____ lunch.

그들은   / 마쳤다   / 먹는 것을   / 점심을.

즐기다

e n [ ] o y

그는   / 무척 좋아한다 / 영화를.

He loves movies.

3

He _____ _____ movies.

= He _____ _____ _____ movies.

그는   / 무척 좋아한다   / 보는 것을   / 영화를.

요가

[ ] o g a

우리는 / 시작했다   / 요가를.

We started yoga.

4

We _____ _____ yoga.

= We _____ _____ _____ yoga.

우리는   / 시작했다   / 배우는 것을   / 요가를.

그녀는   / 좋아했다 / 쿠키를.

She liked cookies.

5

She _____ _____ cookies.

= She _____ _____ _____ cookies.

그녀는   / 좋아했다   / 만드는 것을   / 쿠키를.

1 She enjoyed _____ a cake.
그녀는 / 즐겼다 / 만드는 것을 / 케이크를.

2 She _____ _____ cookies.
그녀는 / 즐겼다 / 만드는 것을 / 쿠키를.

3 She _____ _____ _____.
그녀는 / 즐겼다 / 먹는 것을 / 쿠키를.

4 _____ _____ eating cookies.
그녀는 / 마쳤다 / 먹는 것을 / 쿠키를.

5 She _____ _____ her homework.
그녀는 / 마쳤다 / 하는 것을 / 그녀의 숙제를.

6 We _____ _____ our _____.
우리는 / 마쳤다 / 하는 것을 / 우리의 숙제를.

7 We started _____ _____ _____.
우리는 / 시작했다 / 하는 것을 / 우리의 숙제를.

8 We _____ _____ Spanish.
우리는 / 시작했다 / 배우는 것을 / 스페인어를.

9 _____ _____ _____ Spanish.
그는 / 시작했다 / 배우는 것을 / 스페인어를.

10 He _____ _____ _____.
그는 / 무척 좋아했다 / 배우는 것을 / 스페인어를.

알아두면 좋아요

외우고 넘어가자!

want, plan, learn, hope 뒤에는 to부정사만 목적어로 올 수 있고, enjoy, finish, mind 뒤에는 동명사만 목적어로 올 수 있어. begin, start, like, love 뒤에는 to부정사나 동명사 모두 올 수 있어!

문제로 문법 정리

두 문장의 의미가 같도록 빈칸에 알맞은 단어를 쓰세요.

1. I began to learn to dance.

= I began _____ to dance.

2. He loves reading books.

= He loves _____ _____ books.

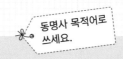

동명사 목적어로
쓰세요.

1 존은 영어 문법을 공부하는 것을 시작했다.

John began _____ English grammar.

2 존은 영어 문법을 배우는 것을 시작했다.

John _____ learning _____ grammar.

3 존은 플루트 배우는 것을 시작했다.

John _____ _____ the flute.

4 그녀는 플루트 배우는 것을 좋아한다.

도전! 문장 쓰기

_____

5 그녀는 플루트 연주하는 것을 좋아한다.

She likes _____ _____ _____.

6 우리는 플루트 연주하는 것을 즐겼다.

We _____ _____ the flute.

7 우리는 농구하는 것을 즐긴다.

_____ _____ _____ basketball.

8 그는 농구하는 것을 즐겼다.

He enjoyed _____ basketball.

9 그는 농구하는 것을 무척 좋아할 것이다.

He _____ _____ _____ _____.

10 그는 산책하러 가는 것을 무척 좋아할 것이다.

He _____ _____ going for a walk.

11
그녀는 산책하러 가는 것을 무척 좋아한다.

She _____ _____ _____ _____ _____.

12
그녀는 소설 읽는 것을 무척 좋아한다.

She _____ _____ novels.

13
그들은 소설 읽는 것을 무척 좋아한다.

_____

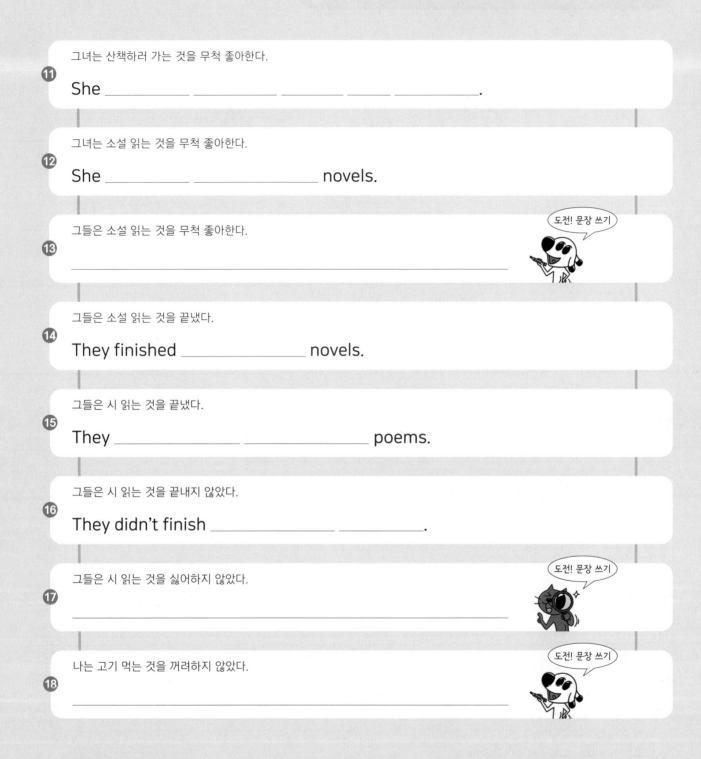

14
그들은 소설 읽는 것을 끝냈다.

They finished _____ novels.

15
그들은 시 읽는 것을 끝냈다.

They _____ _____ poems.

16
그들은 시 읽는 것을 끝내지 않았다.

They didn't finish _____ _____.

17
그들은 시 읽는 것을 싫어하지 않았다.

_____

18
나는 고기 먹는 것을 꺼려하지 않았다.

_____

 알아두면 좋아요

필수 단어 grammar 문법 flute 플루트 enjoy 즐기다 basketball 농구 go for a walk 산책하러 가다 novel 소설 poem 시
mind 싫어하다, 꺼리다 meat 고기

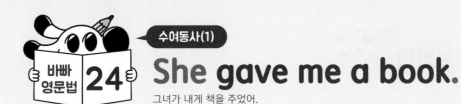

She gave me a book.

그녀가 내게 책을 주었어.

✪ '누구에게 무엇을 준다'라고 할 때는 수여동사를 사용한다

'상장을 수여한다'라고 할 때 '수여한다'가 '준다'라는 뜻이잖아. 그래서 **누군가에게 주는 행위가 포함된 동사를 수여동사라고 해.** 다른 동사와 무엇이 다르냐고? 수여동사 뒤에는 목적어 2개를 써서 '어떤 대상에게 무엇을 주는지' 정확히 알려 줄 수 있어. 즉, **<주어 + 수여동사 + 간접목적어 + 직접목적어>로 이루어진 4형식 문장으로** '…에게 ~을 준다'라는 의미를 나타내.

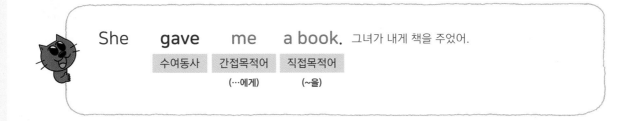

이 동사들은 누군가'에게' 전달해 준다는 어감이 있기 때문에 to를 이용해 전달하는 대상을 나타내는 거야.

✪ <give + 누구에게 + 무엇을> = <give + 무엇을 + to + 누구(에게)>

수여동사에는 give(주다), teach(가르쳐 주다), show(보여 주다), send(보내 주다), write (써 주다), bring(가져오다) 등이 있어. 이런 동사가 쓰인 문장은 **목적어가 1개인 3형식 문장** **(주어 + 동사 + 목적어)으로** 바꿔 쓸 수 있는데, 간접목적어를 직접목적어 뒤로 이동시키고 **간접목적어 앞에 전치사 to를 넣어** 주면 돼. 아주 흔히 쓰이니까 이번 기회에 잘 익혀 두자. 물론 두 문장의 의미는 똑같아.

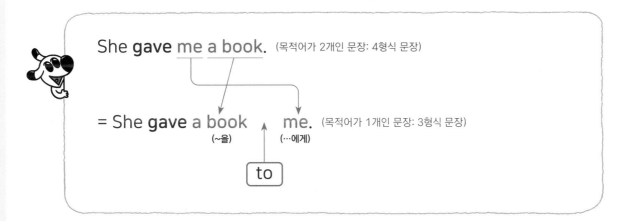

127

Word Check

나는 / 주었다 / 그에게 / 책을.

I gave **him a book.**

1

I gave _____ _____ _____ _____.

나는 / 주었다 / 책을   / 그에게.

보여 주다

| s | | o | w |

그는   / 보여 주었다   / 그들에게   / 사진을.

He showed _____ _____ _____.

2

He showed **a picture to them.**

그는   / 보여 주었다   / 사진을   / 그들에게.

그들은   / 보냈다   / 그녀에게 / 카드를.

They sent **her a card.**

3

They sent _____ _____ _____ _____.

그들은   / 보냈다   / 카드를   / 그녀에게.

E-Mail

전자 우편

| e | m | a | i | |

그녀는   / 썼다   / 나에게   / 이메일을.

She wrote _____ _____ _____.

4

She wrote **an email to me.**

그녀는   / 썼다   / 이메일을   / 나에게.

스미스 씨는   / 가르친다   / 우리에게 / 수학을.

Ms. Smith teaches **us math.**

5

Ms. Smith teaches _____ _____ _____.

스미스 씨는   / 가르친다   / 수학을   / 우리에게.

가져다 주세요   / 내게   / 약간의 물을.

Please bring _____ _____ _____.

6

Please bring **some water** _____ _____.

가져다 주세요   / 약간의 물을   / 내게.

1 I ＿＿＿＿＿＿＿ them a card.
나는 / 보여 주었다 ＿＿＿＿ / 그들에게 / 카드를.

2 I showed a card ＿＿＿＿＿ ＿＿＿＿＿.
나는 / 보여 주었다 / 카드를 / 그들에게.

3 I ＿＿＿＿＿＿ ＿＿＿ ＿＿＿＿＿ to him.
나는 / 보여 주었다 / 카드를 / 그에게.

4 I wrote ＿＿＿ ＿＿＿＿＿ ＿＿＿＿ ＿＿＿＿＿.
나는 / 썼다 / 카드를 / 그에게.

5 I ＿＿＿＿＿＿ ＿＿＿＿＿ a card.
나는 / 썼다 / 그에게 / 카드를.

6 ＿＿＿＿＿＿＿＿＿＿＿＿＿＿＿＿＿＿＿＿＿＿＿＿＿
나는 / 썼다 / 그녀에게 / 카드를.

7 I ＿＿＿＿＿ her ＿＿＿＿.
나는 / 보냈다 / 그녀에게 / 카드를.

8 He ＿＿＿＿＿ a card ＿＿＿＿ ＿＿＿＿.
그는 / 보냈다 / 카드를 / 그녀에게.

9 He will ＿＿＿＿＿ some flowers to her.
그는 / 보내 줄 것이다 / 약간의 꽃을 / 그녀에게.

10 He will ＿＿＿＿＿ ＿＿＿＿＿ ＿＿＿＿＿ to her.
그는 / 줄 것이다 / 약간의 꽃을 / 그녀에게.

🐱 문제로 문법 정리

우리말과 일치하도록 주어진 단어를 배열하세요.

1. 그는 연필을 그녀에게 줄 것이다.
(give / her / will / he / a pencil / to)

＿＿＿＿＿＿＿＿＿＿＿＿＿＿＿＿＿＿

2. 그녀는 그에게 사과를 주었다.
(an apple / she / him / gave)

＿＿＿＿＿＿＿＿＿＿＿＿＿＿＿＿＿＿

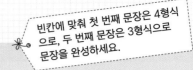

브라운 씨는 우리에게 요리를 가르친다.

1 Mr. Brown teaches us cooking.

⇨ Mr. Brown teaches cooking _____ _____.

브라운 씨는 우리에게 요리를 가르쳤다.

2 Mr. Brown _____ us _____.

⇨ Mr. Brown _____ _____ _____ _____.

브라운 씨는 우리에게 요리 책을 주었다.

3 Mr. Brown _____ _____ a cook book.

⇨ Mr. Brown _____ _____ _____ _____ to us.

그는 그녀에게 요리 책을 주었다.

4 _____

⇨ He gave a cook book _____ _____.

그는 그녀에게 요리 책을 보내 주었다.

5 He _____ her a cook book.

⇨ He sent _____ _____ _____ _____ _____.

그는 그들에게 요리 책을 보내 주었다.

6 He sent _____ a cook book.

⇨ He _____ a cook book _____ _____.

그는 그들에게 선물을 보내 주었다.

7 _____ _____ _____ a gift.

⇨ He _____ _____ _____ _____ _____.

그는 그들에게 선물을 가지고 왔다.

8 He brought _____ _____ _____.

⇨ He _____ a gift _____ _____.

그녀는 내게 선물을 가지고 올 것이다.

9 She will _____ _____ a gift.

⇨ She _____ _____ _____ _____ to me.

그녀는 내게 메뉴를 가지고 올 것이다.

10 She _____ _____ me the menu.

⇨ She will bring _____ _____ _____ _____.

그녀는 그에게 메뉴를 보여 준다.

11 She shows him the menu.

⇨ She _____ _____ _____ _____.

그녀는 그에게 편지를 보여준다.

12 _____

⇨ She shows a letter to him.

그녀는 그에게 편지를 썼다.

13 She wrote him a letter.

⇨ _____

그녀는 그에게 편지를 쓸 예정이다.

14 _____

⇨ She is going to _____ _____ _____ _____ _____.

수여동사(2)

She **bought** me a book.
그녀가 내게 책을 사 주었다.

⭐ **<buy + 누구에게 + 무엇을> = <buy + 무엇을 + for + 누구(에게)>**

앞에서 익힌 동사들 외에도 buy(사 주다), make(만들어 주다), cook(요리해 주다), sing (노래해 주다), build(지어 주다) 같은 동사들도 간접목적어와 직접목적어가 필요한 수여동사 로 쓸 수 있어. 다만 목적어가 1개인 3형식 문장으로 바꿔 쓸 때, 직접목적어 뒤로 이동한 **간접목적어 앞에 전치사 for가 필요해.**

> 이 동사들은 누군가를 '위해' 사 주고, 만들어 주고, 요리해 주고, 노래해 준다는 어감이 있기 때문에 간접목적어 앞에 for를 쓰는 거야.

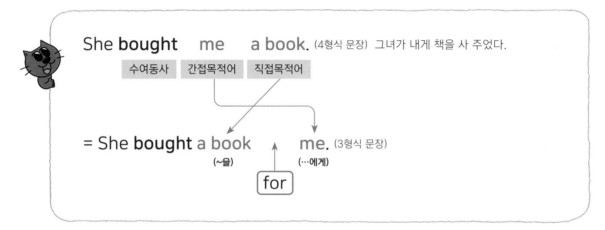

She **bought** me a book. (4형식 문장) 그녀가 내게 책을 사 주었다.
　　　수여동사　간접목적어　직접목적어

= She **bought** a book me. (3형식 문장)
　　　　　　　(~을)　for　(…에게)

⭐ **<ask + 누구에게 + 무엇을> = <ask + 무엇을 + of + 누구(에게)>**

ask(질문하다, 묻다, 요청하다, 부탁하다)도 수여동사로 쓰이는데, 특이한 점이 하나 있어. 3형식 문장으로 바꿔 쓸 때 ask는 직접목적어 뒤로 이동한 **간접목적어 앞에 전치사 of가** 필요하다는 거야.

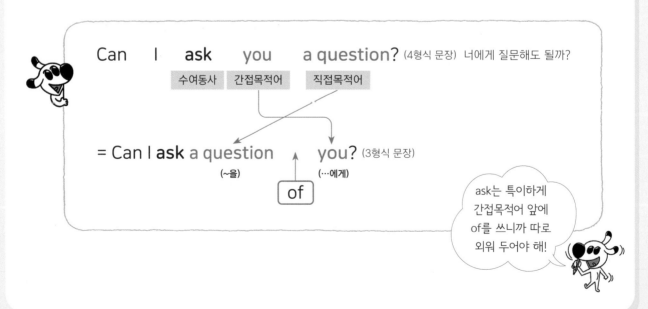

Can I **ask** you a question? (4형식 문장) 너에게 질문해도 될까?
　　　수여동사　간접목적어　직접목적어

= Can I **ask** a question you? (3형식 문장)
　　　　　　(~을)　of　(…에게)

> ask는 특이하게 간접목적어 앞에 of를 쓰니까 따로 외워 두어야 해!

그녀는 / 사 주었다 / 내게 / 가방을.

She bought me a bag.

She bought _____ _____ _____ _____.

그녀는 / 사 주었다 / 가방을 / 내게.

나는 / 만들어 주었다 / 그들에게 / 케이크를.

I made _____ _____ _____.

I made **a cake for them.**

나는 / 만들어 주었다 / 케이크를 / 그들에게.

그는 / 요리해 주었다 / 그녀에게 / 저녁을.

He cooked her dinner.

He cooked _____ _____ _____.

그는 / 요리해 주었다 / 저녁을 / 그녀에게.

그들은 / 노래해 줄 것이다 / 우리에게 / 노래를.

They will sing _____ _____ _____.

They will sing **a song for us.**

그들은 / 노래해 줄 것이다 / 노래를 / 우리에게.

우리는 / 지어 주었다 / 그들에게 / 집을.

We built them a house.

We built _____ _____ _____ _____.

우리는 / 지어 주었다 / 집을 / 그들에게.

나는 / 물었다 / 그녀에게 / 질문을.

I asked her a question.

I asked _____ _____ _____ _____.

나는 / 물었다 / 질문을 / 그녀에게.

1 She _____ us gimbap.
그녀는 / 만들어 주었다 / 우리에게 / 김밥을.

2 She made _____ _____ _____.
그녀는 / 만들어 주었다 / 김밥을 / 우리에게.

3 She _____ _____ for them.
그녀는 / 만들어 주었다 / 김밥을 / 그들에게.

4 She made _____ _____ _____.
그녀는 / 만들어 주었다 / 점심을 / 그들에게.

5 She will _____ _____ for them.
그녀는 / 요리해 줄 것이다 / 점심을 / 그들에게.

6 She _____ cook _____ lunch.
그녀는 / 요리해 줄 것이다 / 그들에게 / 점심을.

7 He's going to _____ them _____.
그는 / 요리해 줄 것이다 / 그들에게 / 점심을.

8 He's going to _____ _____ _____.
그는 / 시 줄 것이다 / 그들에게 / 전신을.

9 He's going to _____ _____ lunch.
그는 / 사 줄 것이다 / 그녀에게 / 점심을.

10 He's going to _____ _____ _____.
그는 / 사 줄 것이다 / 점심을 / 그녀에게.

알아두면 좋아요

다시 한 번 정리해 보자!

· 4형식에서 3형식으로 전환할 때

① 전치사 to를 쓰는 동사:
   give, teach, show, send, write, bring

② 전치사 for를 쓰는 동사:
   buy, make, cook, sing, build

③ 전치사 of를 쓰는 동사:
   ask

문제로 문법 정리

괄호 안의 단어 중 알맞은 것을 고르세요.

1. I bought lunch (to / for) them.

2. He brought some water (to / for) me.

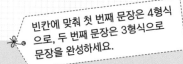

빈칸에 맞춰 첫 번째 문장은 4형식으로, 두 번째 문장은 3형식으로 문장을 완성하세요.

브라운 씨는 그들에게 약간의 과일을 사 주었다.

1 Mr. Brown _____ _____ some fruit.

⇨ Mr. Brown bought some fruit _____ them.

브라운 씨는 나에게 약간의 과일을 사 주었다.

2 Mr. Brown _____ _____ some _____.

⇨ Mr. Brown bought some fruit _____ _____.

브라운 씨는 나에게 애완동물을 사 주었다.

3 Mr. Brown _____ me a _____.

⇨ Mr. Brown _____ a pet for me.

브라운 씨는 나에게 집을 사 주었다.

4 Mr. Brown bought _____ _____ _____.

⇨ Mr. Brown bought ____ _____ _____ _____.

브라운 씨는 나에게 집을 지어 주었다.

5 Mr. Brown built _____ a house.

⇨ Mr. Brown _____ ____ _____ for me.

그는 그녀에게 집을 지어 줄 것이다.

6 _____

⇨ He will build ____ _____ _____ _____.

그는 그녀에게 모래성을 세워 줄 것이다.

7 He _____ _____ her a sandcastle.

⇨ He will build a sandcastle _____ _____.

135

그는 그녀에게 모래성을 만들어 줄 것이다.

8 He will make _____ _____ _____.

⇨ He _____ _____ a sandcastle for her.

그는 우리에게 모래성을 만들어 줄 것이다.

9 _____

⇨ He will _____ a sandcastle _____ _____.

그는 우리에게 노래를 불러 줄 것이다.

10 He's _____ _____ _____ us a song.

⇨ He's going to sing _____ _____ _____ _____.

그들은 우리에게 노래를 불러 줄 것이다.

11 They're going to _____ _____ a song.

⇨ They're going to _____ _____ _____ for us.

그들은 우리에게 노래를 불러 주었다.

12 They _____ _____ _____ _____.

⇨ They sang a song _____ _____.

그들은 우리에게 질문 하나를 했다.

13 _____

⇨ They asked a question _____ _____.

그들은 그에게 많은 질문을 했다.

14 _____

⇨ They asked many questions _____ him.

표로 정리하는 초등 영문법 ❸

미래 시제(be going to)

긍정문	부정문	의문문
I'm going to swim.	I'm not going to swim.	Am I going to swim?
You're going to swim.	You aren't going to swim.	Are you going to swim?
She's going to swim.	She isn't going to swim.	Is she going to swim?

조동사 can

긍정문	부정문	의문문
You can swim.	You can't swim.	Can you swim?
He can swim.	He can't swim.	Can he swim?

be able to

긍정문	부정문	의문문
They are able to swim.	They aren't able to swim.	Are they able to swim?
She is able to swim.	She isn't able to swim.	Is she able to swim?

조동사 must

긍정문(의무)	부정문(금지)	의문문
You must go there.	You must not go there.	Must you go there?
He must go there.	He must not go there.	Must he go there?

have to

긍정문(의무)	부정문(~할 필요 없다)	의문문
I have to go there.	I don't have to go there.	Do I have to go there?
You have to go there.	You don't have to go there.	Do you have to go there?
She has to go there.	She doesn't have to go there.	Does she have to go there?

조동사 may/should	
긍정문(추측)	**부정문(추측)**
They **may** come.	They **may** **not** come.
It **may** rain.	It **may** **not** rain.

긍정문(허가)	**부정문(약한 금지)**	**의문문(허가)**
You **may** go there.	You **may** **not** go there.	**May** I go there?

긍정문(충고)	**부정문(~하지 않는 게 좋겠다)**	**의문문**
You **should** go there.	You **should** **not** go there.	**Should** you go there?

부가의문문	
긍정문, 부정의 의문	**부정문, 긍정의 의문**
Mr. Kim is a teacher, **isn't he**?	Mr. Kim isn't a teacher, **is he**?
You were a teacher, **weren't you**?	You weren't a teacher, **were you**?
You swim, **don't you**?	You don't swim, **do you**?
Susie swims, **doesn't she**?	Susie doesn't swim, **does she**?
You swam, **didn't you**?	You didn't swim, **did you**?
You will swim, **won't you**?	You won't swim, **will you**?
John will swim, **won't he**?	John won't swim, **will he**?
You're going to swim, **aren't you**?	You're not going to swim, **are you**?
She can swim, **can't she**?	She can't swim, **can she**?

의문사	
what	**What** does she like?
when/where	**When** is your birthday? / **Where** is your book?
who/whom/whose	**Who** made this? / **Whom** does he like? / **Whose** bag is this?
how/how many	**How** are you? / **How many** brothers does she have?

목적어로 쓰이는 to부정사/동명사		
to부정사 목적어	I want **to travel**.	I like **to travel**.
동명사 목적어	They enjoy **traveling**.	They like **traveling**.

수여동사
She **gave me a book**. (4형식) = She **gave a book to me**. (3형식)
He **bought me a dress**. (4형식) = He **bought a dress for me**. (3형식)

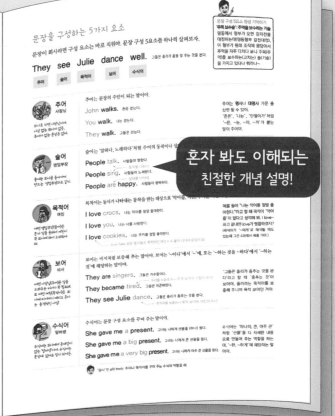

영문법 소화제 훈련서 1, 2권 | 각 권 8,000원

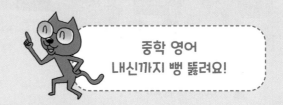

바빠 독해 시리즈

읽는 재미를 높인 **초등 문해력 향상** 프로그램!

바쁜 초등학생을 위한
빠른 독해

재미있고 궁금해서 자꾸 읽고 싶어요!

6단계 초등 5~6학년

★ **읽는 재미**
5, 6학년 어린이들이 직접 고른 흥미로운 이야기

★ **초등 교과 연계**
읽다 보면 나도 모르게 국어, 사회, 과학 지식이 쑥쑥

★ **문해력 향상**
어휘력, 이해력, 추론 능력, 사고력, 맞춤법까지 OK

이지스에듀

분당 영재사랑 교육 연구소, 호사라 박사 지음 / 각 권 9,800원

비문학 지문도 재미있게 읽을 수 있어요!

고사성어

바빠 독해 **06**

반딧불, 눈과 함께한 노력

형설지공 반딧불이 형(螢), 눈 설(雪), 의 지(之), 공 공(功)

소리 내어 읽기

🔊 다음 글을 소리 내어 읽어 보세요.

진나라에서 있었던 이야기예요. 차윤이라는 사람이 과거를 준비하고 있었어요. 과거를 치르기 위해서는 공부해야 할 과목도 많고, 분량도 아주 많았어요. 몇 년을 준비해야 할 만큼 힘든 공부였어요. 하지만 차윤의 집안은 공부에만 전념할 형편이 못 되었어요. 그래서 그는 낮에는 부모님 일을 도와드리고, 밤늦은 시간에 혼자 깨어 공부를 했지요.

어느 날 늦은 시간까지 공부를 하고 있었는데, 갑자기 등불이 꺼지고 말았어요. 등잔 기름이 다 떨어진 거예요.

"이를 어쩌나 시험이 얼마 남지 않았는데."

그러나 차윤은 부모님께 차마 등잔 기름 살 돈을 달라고 말할 수가 없었어요. 당장 먹고 쓰는 데 필요한 돈도 부족한 형편이었거든요. 어쩔 수 없이 밤공부를 포기한 채 며칠이 지났어요. 어느 날, 해 질 녘 밭일을 마치고 집으로 돌아가던 그의 눈에 반딧불이가 들어왔어요. 갑자기 그는 주먹을 불끈 쥐었어요.

"그래, 바로 그거야!"

그는 공터에 빛을 내며 날아다니는 반딧불이 수백 마리를 잡았어요. 그리고 얇은 천으로 된 자루에 넣었지요. 그 자루에 책을 가까이 대자 다행히 글씨를 읽을 만큼이 되었어요.

이렇게 반딧불이를 등불 삼아 여름 내내 공부한 차윤은 결국 과거에 합격했고, 훗날 높은 벼슬까지 올랐다고 해요.

손강 역시 형편이 넉넉하지 못해 등잔불을 마음껏 켤 수 없었어요.

어느 겨울밤 잠자리에 누웠는데, 좋은 환경에서 밤낮없이 꾸준히 공부하는 친구들 생각에 가슴이

반딧불이를 모아서 책을 보자.

어휘
• **과거**: 우리나라와 중국에서 관리를 뽑을 때 치르던 시험.
• **전념**: 한 가지 일에만 마음을 씀.
• **급제**: 시험이나 검사 따위에 합격함. 과거에 합격함.

32

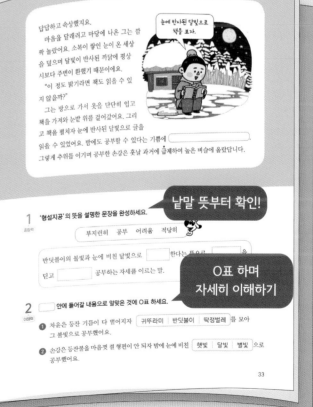

답답하고 속상했지요.

마음을 달래려고 마당에 나온 그는 깜짝 놀랐어요. 소복이 쌓인 눈이 온 세상을 덮으며 달빛이 반사된 까닭에 평상시보다 주변이 환했기 때문이에요.

"이 정도 밝기라면 책도 읽을 수 있지 않을까?"

그는 방으로 가서 옷을 단단히 입고 책을 가져와 눈밭 위를 걸어갔어요. 그리고 책을 펼치자 눈에 반사된 달빛으로 글을 읽을 수 있었어요. 밤에도 공부할 수 있다는 기쁨에 _____

그렇게 추위를 이기며 공부한 손강은 훗날 과거에 급제하여 높은 벼슬에 올랐답니다.

눈에 반사된 달빛으로 책을 보자.

낱말 뜻부터 확인!

1 '형설지공'의 뜻을 설명한 문장을 완성하세요.
초등력

| 부지런히 | 공부 | 어려움 | 적당히 |

반딧불이의 불빛과 눈에 비친 달빛으로 □□□한다는 뜻으로, □□을
듣고 □□ 공부하는 자세를 이르는 말.

O표 하며 자세히 이해하기

2 □ 안에 들어갈 내용으로 알맞은 것에 O표 하세요.
이해력

❶ 차윤은 등잔 기름이 다 떨어지자 귀뚜라미 / 반딧불이 / 딱정벌레 를 모아 그 불빛으로 공부했어요.

❷ 손강은 등잔불을 마음껏 켤 형편이 안 되자 밤에 눈에 비친 햇빛 / 달빛 / 별빛 으로 공부했어요.

33

호 박사

영재사랑 연구소에서 16년간 지도한 내용 중 누구나 쉽게 성취감을 맛볼 수 있는 활동을 선별했어요!

바빠 ^{시리즈} 초등 학년별 추천 도서

학년	학기별 연산책 바빠 교과서 연산 학기 중, 선행용으로 추천!	나 혼자 푼다! 수학 문장제 학교 시험 서술형 완벽 대비!
1학년	·바쁜 1학년을 위한 빠른 교과서 연산 1-1 ·바쁜 1학년을 위한 빠른 교과서 연산 1-2	·나 혼자 푼다! 수학 문장제 1-1 ·나 혼자 푼다! 수학 문장제 1-2
2학년	·바쁜 2학년을 위한 빠른 교과서 연산 2-1 ·바쁜 2학년을 위한 빠른 교과서 연산 2-2	·나 혼자 푼다! 수학 문장제 2-1 ·나 혼자 푼다! 수학 문장제 2-2
3학년	·바쁜 3학년을 위한 빠른 교과서 연산 3-1 ·바쁜 3학년을 위한 빠른 교과서 연산 3-2	·나 혼자 푼다! 수학 문장제 3-1 ·나 혼자 푼다! 수학 문장제 3-2
4학년	·바쁜 4학년을 위한 빠른 교과서 연산 4-1 ·바쁜 4학년을 위한 빠른 교과서 연산 4-2	·나 혼자 푼디! 수학 문장제 4 1 ·나 혼자 푼다! 수학 문장제 4-2
5학년	·바쁜 5학년을 위한 빠른 교과서 연산 5-1 ·바쁜 5학년을 위한 빠른 교과서 연산 5-2	·나 혼자 푼다! 수학 문장제 5-1 ·나 혼자 푼다! 수학 문장제 5-2
6학년	·바쁜 6학년을 위한 빠른 교과서 연산 6-1 ·바쁜 6학년을 위한 빠른 교과서 연산 6-2	·나 혼자 푼다! 수학 문장제 6-1 ·나 혼자 푼다! 수학 문장제 6-2

'바빠 교과서 연산'과
'나 혼자 문장제'를
함께 풀면
한 학기 수학 완성!

01 | I am going to buy a cap.

01 비교하면 답이 보인다!

1. 나는 /~할 것이다 / 산책하다.
I will take a walk.
= I __am__ going to take a walk.

2. 그는 /~할 것이다 / 가다 / 공원에.
He will go to the park.
= He __is__ going __to__ __go__ to the park.

3. 우리는 /~할 것이다 / 걸어가다 / 공원에.
We will walk to the park.
= We __are__ going __to__ __walk__ to the park.

4. 그녀는 /~할 것이다 / 운전하다 / 공원으로.
She will drive to the park.
= She __is__ going __to__ __drive__ to the park.

5. 그들은 /~할 것이다 / 자전거를 타다 / 공원으로.
They will ride bikes to the park.
= They __are__ going __to__ __ride__ bikes to the park.

6. (비인칭 주어) /~할 것이다 / 비가 오다 / 오늘 오후에.
It will rain this afternoon.
= It __is__ going __to__ __rain__ this afternoon.

Word Check

w a l k

d r i v e

13

02 바꿔 쓰면 답이 보인다!

1. I __am__ going __to__ meet my friends this afternoon.
나는 /~할 것이다 / 만나다 / 내 친구들을 / 오늘 오후에.

2. They __are__ going __to__ meet __their__ __friends__ this afternoon.
그들은 /~할 것이다 / 만나다 / 그들의 친구들을 / 오늘 오후에.

3. They __are__ going __to__ talk to their friends __this__ afternoon.
그들은 /~할 것이다 / 이야기하다 / 그들의 친구들에게 / 오늘 오후에.

4. Fred __is__ going __to__ talk __to__ __his__ __friend__ this afternoon.
프레드는 /~할 것이다 / 이야기하다 / 그의 친구에게 / 오늘 오후에.

5. Fred __is__ going __to__ call his friend this afternoon.
프레드는 /~할 것이다 / 전화하다 / 그의 친구에게 / 오늘 오후에.

6. I __am going to__ call __my__ __friend__ this afternoon.
나는 /~할 것이다 / 전화하다 / 내 친구에게 / 오늘 오후에.

7. I __am__ going __to__ study with my friend next weekend.
나는 /~할 것이다 / 공부하다 / 내 친구와 함께 / 다음 주말에.

8. She __is__ going __to__ study with __her__ __friend__ next weekend.
그녀는 /~할 것이다 / 공부하다 / 그녀의 친구와 함께 / 다음 주말에.

9. She __is__ going __to__ prepare for the exam __next__ __weekend__.
그녀는 /~할 것이다 / 대비하다 / 시험에 / 다음 주말에.

10. We __are__ going __to__ prepare __for__ __the__ __exam__ next weekend.
우리는 /~할 것이다 / 대비하다 / 시험에 / 다음 주말에.

14

03 문장이 써지면 이 영문법은 OK!

1. 우리는 쇼핑하러 갈 거야.
We ___are___ ___going___ ___to___ ___go___ shopping.

2. 우리는 낚시하러 갈 거야.
We ___are___ ___going___ ___to___ ___go___ fishing.

3. 네(우리) 아버지는 낚시하러 가실 거야.
My father ___is___ ___going___ ___to___ ___go___ fishing.

> 우리말에서는 다른 형제가 있더라도 보통 '우리' 아버지라고 말하지만, 영어에서는 다른 형제와 함께 있지 않은 상황에서는 my father라고 해.

4. 네(우리) 아버지는 하이킹하러 가실 거야. (도전 문장 쓰기)
My ___father___ ___is___ ___going___ ___to___ ___go___ hiking.

5. 네(우리) 형은 하이킹하러 갈 거야.
My brother is going to go hiking.

6. 네(우리) 형은 캠핑하러 갈 거야.
My brother ___is___ ___going___ ___to___ ___go___ camping.

7. 수지는 캠핑하러 갈 거야.
Susie ___is___ ___going___ ___to___ ___go___ camping.

8. 수지와 프레드는 스키 타러 갈 거야.
Susie and Fred ___are___ ___going___ ___to___ ___go___ skiing.

9. 그들은 이번 주말에 스키 타러 갈 거야. (도전 문장 쓰기)
They ___are___ ___going___ ___to___ ___go___ skiing ___this___ weekend.

10. 그들은 이번 주말에 박물관에 갈 거야.
They are going to go to the museum this weekend.

15

11. 그들은 이번 주말에 박물관을 방문할 거야.
They ___are___ ___going___ ___to___ visit the museum this weekend.

12. 제인은 이번 주말에 박물관을 방문할 거야.
Jane is going to ___visit___ ___the___ ___museum___ this weekend.

13. 제인은 이번 주말에 수족관을 방문할 거야.
Jane ___is___ ___going___ ___to___ ___visit___ the aquarium ___this___ weekend.

14. 제인과 나는 이번 주에 수족관을 방문할 거야. (도전 문장 쓰기)
Jane and I are going to visit the aquarium this weekend.

15. 나는 다음 달에 수족관을 방문할 거야.
I ___am___ ___going___ ___to___ visit the aquarium next month.

16. 나는 다음 달에 파티를 열 거야.
I ___am___ ___going___ ___to have a party ___next___ month.

17. 우리는 다음 달에 파티를 열 거야. (도전 문장 쓰기)
We are going to have a party next month.

18. 우리는 다음 달에 야구를 할 거야.
We ___are___ ___going___ ___to___ ___play___ baseball next month.

알아두면 좋아요

be going to와 will은 어떻게 다를까?

be going to: 객관적으로 제시할 만한 근거를 갖고 추측하는 경우에 사용해.
▶ 일기예보를 듣거나 하늘에 낀 먹구름을 보고 예측하는 상황

It's going to rain this afternoon.

will: 근거 없이 주관적인 생각으로 예상 하거나 추측하는 경우에 사용해.
▶ 오늘 오후에 비가 올 것 같다고 막연하게 추측하는 상황

It will rain this afternoon.

16

01 비교하면 답이 보인다

※ <인칭대명사 + be동사>는 연결형 줄임말로 쓰세요.

① 그는 /~할 것이다 / 게임을 하다.
He's going to play the games.
그는 /~하지 않을 것이다
He's ___ not ___ going ___ to ___ play ___ the games.

② 나는 /~할 것이다 / 음악을 듣다.
I'm going to listen to music.
나는 /~하지 않을 것이다
I'm ___ not ___ going ___ to ___ listen ___ to music.

③ 그들은 /~할 것이다 / 영화를 보다.
They're going to watch a movie.
그들은 /~하지 않을 것이다
They're ___ not ___ going ___ to ___ watch ___ a movie.

④ (비인칭 주어) /~할 것이다 / 비가 오다 / 일요일에.
It's going to rain on Sunday.
(비인칭 주어) /~하지 않을 것이다
It's ___ not ___ going ___ to ___ rain ___ on Sunday.

⑤ 그는 /~할 것이다 / 세차하다.
He's going to wash his car.
그는 /~하지 않을 것이다
He's ___ not ___ going ___ to ___ wash ___ his car.

⑥ 우리는 /~할 것이다 / 나무를 심다.
We're going to plant the trees.
우리는 /~하지 않을 것이다
We're ___ not ___ going ___ to ___ plant ___ the trees.

---

02 쓰다 보면 문법이 보인다

※ <be동사 + not>은 줄임말로 쓰세요.

① Fred ___ isn't ___ going ___ to ___ stay home.
프레드는 /~하지 않을 것이다 / 집에 있다.

② They ___ aren't ___ going ___ to ___ stay ___ home.
그들은 /~하지 않을 것이다 / 집에 있다.

③ They ___ aren't ___ going ___ to ___ clean ___ the windows.
그들은 /~하지 않을 것이다 / 창문을 닦다.

④ Susie ___ isn't ___ going ___ to ___ clean the windows.
수지는 /~하지 않을 것이다 / 창문을 닦다.

⑤ Susie ___ isn't ___ going ___ to ___ close the windows.
수지는 /~하지 않을 것이다 / 창문을 닫다.

⑥ I ___ am ___ not ___ going ___ to ___ close ___ the windows.
나는 /~하지 않을 것이다 / 창문을 닫다.

⑦ I ___ am ___ not ___ going ___ **to open** ___ the ___ door.
나는 /~하지 않을 것이다 / 문을 열다.

⑧ We ___ aren't ___ going ___ to ___ open ___ the door.
우리는 /~하지 않을 것이다 / 문을 열다.

⑨ We ___ aren't ___ going ___ to ___ fix the bike.
우리는 /~하지 않을 것이다 / 자전거를 고치다.

⑩ We ___ aren't ___ going ___ to ___ fix ___ the bike.
우리는 /~하지 않을 것이다 / 자전거를 고치다.

03 문장이 써지면 이 영문법은 OK!

※ 〈인칭대명사 + be동사〉는 줄임말로 쓸 수 있어요

1 그녀는 커피를 마시지 않을 거야.
She's __ not __ going __ to __ drink coffee.

2 그녀는 우유를 마시지 않을 거야.
She's __ not __ going __ to __ drink __ milk.

3 그들은 우유를 마시지 않을 거야.
They're not going to drink milk.
〈도전! 문장 쓰기〉

4 그들은 우유를 사지 않을 거야.
They're __ not __ going __ to __ buy milk.

5 그는 우유를 사지 않을 거야.
He's __ not __ going __ to __ buy __ milk.

6 그는 감자를 사지 않을 거야.
He's __ not __ going __ to __ buy potatoes.

7 나는 감자를 사지 않을 거야.
I'm __ not __ going __ to __ buy __ potatoes.

8 나는 감자를 먹지 않을 거야.
I'm __ not __ going __ to __ eat potatoes.

9 그녀는 감자를 먹지 않을 거야.
She's not going to eat potatoes.
〈도전! 문장 쓰기〉

10 그녀는 고구마를 먹지 않을 거야.
She's __ not __ going __ to __ eat __ sweet potatoes.

20

---

11 우리는 고구마를 먹지 않을 거야.
We're __ not __ going __ to __ eat __ sweet __ potatoes __ .

12 우리는 고구마를 삶지 않을 거야.
We're __ not __ going __ to __ boil sweet potatoes.

13 Jane은 고구마를 삶지 않을 거야.
Jane __ is __ not __ going __ to __ boil __ sweet potatoes.

14 Jane은 계란을 삶지 않을 거야.
Jane is not going to boil eggs.
〈도전! 문장 쓰기〉

15 그들은 계란을 삶지 않을 거야.
They're __ not __ going __ to __ boil __ eggs.

16 그들은 계란을 부치지 않을 거야.
They're __ not __ going __ to __ fry eggs.

17 나는 계란을 부치지 않을 거야.
I'm not going to fry eggs.
〈도전! 문장 쓰기〉

18 나는 닭을 튀기지 않을 거야.
I'm __ not __ going __ to __ fry __ chicken __ .

알아두면 좋아요

현재진행 시제가 미래 시제를 대신할 수 있다

왕래발착(오다(come), 가다(go), 출발하다(leave), 도착하다(arrive))의 의미가 있는 동사들이 미래 시점을 나타내는 말들과 함께 현재진행 시제로 쓰이면 미래에 일어날 일임을 나타내기도 해.

① I'm going to the park.(나는 공원에 가는 중이야.)
② I'm going to the park tomorrow.(나는 내일 공원에 갈 거야.)

①은 공원에 가고 있는 중이라는 진행의 의미이지만, ②는 가다(go)라는 의미의 동사가 tomorrow와 같은 미래 시점을 나타내는 말과 함께 쓰여 '내일 공원에 갈 거야.'라는 미래의 의미가 되는 거지.

21

4

02 대다 문법이 보인다!

1. Are you going to be 12 years old next month? — Yes, I am.
   /~이니 /너는 /~할 예정인 /12살이 되다 /다음 달에? /응, 그래.

2. Is she going to be 12 years old next month? — No, she isn't.
   /~이니 /그녀는 /~할 예정인 /12살이 되다 /다음 달에? /아니, 안 그래.

3. Is it going to be 2 years old this month? — No, it isn't.
   /~이니 /그것은 /~할 예정인 /2살이 되다 /이번 달에? /아니, 안 그래.

4. Is it going to rain this month? — Yes, it is.
   /~이니 /(비인칭 주어) /~할 예정인 /비가 오다 /이번 달에? /응, 그래.

5. Is it going to be cloudy tonight? — No, it isn't.
   /~이니 /(비인칭 주어) /~할 예정인 /흐리다 /오늘 밤? /아니, 안 그래.

6. Is it going to be cloudy tomorrow? — Yes, it is.
   /~이니 /(비인칭 주어) /~할 예정인 /흐리다 /내일? /응, 그래.

7. Is it going to arrive on time? — Yes, it is.
   /~이니 /그것은 /~할 예정인 /도착하다 /정시에? /응, 그래.

8. Are we going to arrive on time? — No, we aren't.
   /~이니 /우리는 /~할 예정인 /도착하다 /정시에? /아니, 안 그래.

9. Are we going to leave on time? — Yes, we are.
   /~이니 /우리는 /~할 예정인 /떠나다 /정시에? /응, 그래.

10. Is he going to leave on time? — Yes, he is.
    /~이니 /그는 /~할 예정인 /떠나다 /정시에? /응, 그래.

24

---

03 | Are you going to buy a cap?

01 비교하면 딥이 보인다!

1. 그녀는 /~할 것이다 /공부하다 /해외에서.
   She's going to study abroad.
   ~이니 /그녀는 /~할 예정인 /공부하다 /해외에서?
   Is she going to study abroad?

2. 너는 /~할 것이다 /테니스를 치다.
   You're going to play tennis.
   ~이니 /너는 /~할 예정인 /테니스를 치다?
   Are you going to play tennis?

3. 그들은 /~할 것이다 /애완동물을 기르다.
   They're going to keep a pet.
   ~이니 /그들은 /~할 예정인 /애완동물을 기르다?
   Are they going to keep a pet?

4. (비인칭 주어) /~할 것이다 /비가 오다 /이번 주말에.
   It's going to rain this weekend.
   ~이니 /(비인칭 주어) /~할 예정인 /비가 오다 /이번 주말에?
   Is it going to rain this weekend?

5. 그는 /~할 것이다 /스미스 씨를 만나다 /내일.
   He's going to see Mr. Smith tomorrow.
   ~이니 /그는 /~할 예정인 /스미스 씨를 만나다 /내일?
   Is he going to see Mr. Smith tomorrow?

6. 그들은 /~할 것이다 /13살이 되다 /이번 달에.
   They're going to be 13 years old this month.
   ~이니 /그들은 /~할 예정인 /13살이 되다 /이번 달에?
   Are they going to be 13 years old this month?

23

03 문장이 써지면 이 영문법은 OK!

✻ 첫 번째 문장은 be going to 를, 두 번째 문장은 will를 이용하여 문장을 완성하세요.

1 눈이 올까?
Is it going to snow soon?
⇑ Will it snow soon?

2 비가 올까?
Is it going to rain soon?
⇑ Will it rain soon?

3 그것이 곧 도착할까?
Is it going to arrive soon?
⇑ Will it arrive soon?

4 그 버스가 곧 도착할까?
Is the bus going to arrive soon?
⇑ Will the bus arrive soon?

5 그들이 곧 도착할까?
Are they going to arrive soon?
⇑ Will they arrive soon?

6 그들이 내일 도착할까?
Are they going to arrive tomorrow?
⇑ Will they arrive tomorrow?

7 그들이 내일 일할까?
Are they going to work tomorrow?
⇑ Will they work tomorrow?

8 너는 내일 일할 거니?
Are you going to work tomorrow?
⇑ Will you work tomorrow?

9 너는 오늘 일할 거니?
Are you going to work today?
⇑ Will you work today?

10 너는 오늘 그 영화를 볼 거니?
Are you going to see the movie today?
⇑ Will you see the movie today?

11 그는 오늘 그 영화를 볼까?
Is he going to see the movie today?
⇑ Will he see the movie today?

12 그는 그 사진을 볼까?
Is he going to see the picture?
⇑ Will he see the picture?

13 그는 사진을 찍을까?
Is he going to take pictures?
⇑ Will he take pictures?

14 그녀는 사진을 찍을까?
Is she going to take pictures?
⇑ Will she take pictures?

Unit 04 미래 시제(be going to) 총정리

Units 01-03 복습   Unit 04 듣기

01 비교하면 더 보인다!

① 나는 / ~할 것이다 / 청바지를
I'm going to wear blue jeans.

| I'm | not | going | to | wear | blue jeans. |

나는 / 입지 않을 것이다 / 청바지를

② 그들은 / 먹을 것이다 / 햄버거를
They're going to eat hamburgers.

| They're | not | going | to | eat | hamburgers. |

그들은 / 먹지 않을 것이다 / 햄버거를

③ (비인칭 주어) / ~일 것이다 / 따뜻한
It's going to be warm.

| It's | not | going | to | be | warm. |

(비인칭 주어) / ~이지 않을 것이다 / 따뜻한

④ 너는 / 만들 것이다 / 핫도그를
You're going to make a hot dog.

| Are | you | going | to | make | a hot dog? |

-이니 / 너는 / 만들 / 핫도그?

⑤ 그는 / 할 것이다 / 야구를
He's going to play baseball.

| Is | he | going | to | play | baseball? |

-이니 / 그는 / 할 / 야구를?

---

02 쓰다 보면 문법이 보인다!

① She's _____ going _____ to prepare for the trip.
그녀는 여행 준비를 할 거야.

② She's _____ not _____ going _____ to _____ prepare _____ for the trip.
그녀는 여행 준비를 하지 않을 거야.

③ They're not going to _____ prepare _____ for the trip.
그들은 여행 준비를 하지 않을 거야.

④ They're _____ not _____ going _____ to _____ prepare _____ for _____ the _____ trip .
그들은 그것에 대한 준비를 하지 않을 거야.

⑤ They're going to prepare for it.
그들은 그것에 대한 준비를 할 거야.

⑥ They're _____ going _____ to _____ book it.
그들이 그것을 예약할 거야.

⑦ Are they going to book it?
그들이 그것을 예약할 거니?

⑧ Is _____ she _____ going _____ to _____ book it?
그녀가 그것을 예약할 거니?

⑨ Is she _____ going _____ to _____ book _____ a flight?
그녀가 비행기를 예약할 거니?

⑩ Are _____ you _____ going _____ to book a flight?
너는 비행기를 예약할 거니?

30 문장이 써지면 이 영문법은 OK!

〈be동사 + going〉을 활용해 써보세요.

1. 우리 부모님은 TV를 보실 거야.
My parents ___are___ ___going___ ___to___ ___watch___ TV.

2. 우리 부모님은 TV를 보시지 않을 거야.
My parents ___aren't___ ___going___ ___to___ ___watch___ TV.

3. 우리 아버지는 TV를 보시지 않으실 거야.
My father isn't going to watch TV.

4. 우리 아버지는 쉬지 않으실 거야.
My father ___isn't___ ___going___ ___to___ take a rest.

5. 나는 쉬지 않을 거야.
I ___am___ ___not___ going to take ___a___ ___rest___ .

6. 너는 쉴 거니?
Are you going to take a rest?

7. 너는 일본어를 배울 거니?
___Are___ ___you___ ___going___ ___to___ learn Japanese?

8. 그는 일본어를 배울 거니?
___Is___ ___he___ going to learn ___Japanese___?

9. 그는 일본어를 배울 거야.
___He's___ ___going___ ___to___ learn Japanese.

10. 그는 일본어를 배우지 않을 거야.
He ___isn't___ ___going___ ___to___ ___learn___ ___Japanese___

---

11. 그가 비행기를 예약할 거니?
Is he going to book a flight?

12. 그는 레스토랑을 예약할 거니?
___Is___ ___he___ ___going___ ___to___ ___book___ a restaurant?

13. 그는 중국 식당에서 식사할 거니?
___Is___ ___he___ ___going___ ___to___ ___eat___ at the Chinese restaurant?

14. 그는 중국 식당에서 식사할 거야.
He ___is___ ___going___ ___to___ ___eat___ ___at___ the Chinese restaurant.

15. 나는 그 중국 식당에서 식사할 거야.
I ___am___ ___going___ ___to___ ___eat___ ___at___ the Chinese restaurant.

16. 나는 그 중국 식당에서 식사하지 않을 거야.
I am ___not___ ___going___ ___to___ ___eat___ ___at___ ___the___ ___Chinese___ ___restaurant___ .

17. 나는 그 카페테리아에서 식사하지 않을 거야.
I am[I'm] not going to eat at the cafeteria.

18. 우리는 그 카페테리아에서 식사하지 않을 거야.
We ___are___ ___not___ ___going___ ___to___ ___ea-___ at the cafeteria.

필수 단어 prepare for ~에 대한 준비를 하다 trip 여행 book 예약하다; 책 flight 비행기, 항공편

05 | I can swim.

01 비교하면 답이 보인다!

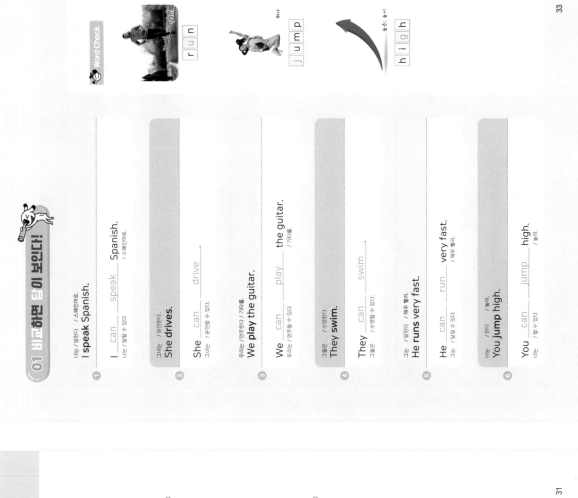

Word Check

달리다
run

뛰다
jump

높은; 높이
high

① 나는 / 말한다 / 스페인어를.
I speak Spanish.
I can speak Spanish.
나는 / 말할 수 있다 / 스페인어로.

② 그녀는 / 운전한다.
She drives.
She can drive ____.
그녀는 / 운전할 수 있다.

③ 우리는 / 연주한다 / 기타를.
We play the guitar.
We can play ____ the guitar.
우리는 / 연주할 수 있다 / 기타를.

④ 그들은 / 수영한다.
They swim.
They can swim ____.
그들은 / 수영할 수 있다.

⑤ 그는 / 달린다 / 매우 빨리.
He runs very fast.
He can run ____ very fast.
그는 / 달릴 수 있다 / 매우 빨리.

⑥ 너는 / 뛴다 / 높이.
You jump high.
You can jump ____ high.
너는 / 뛸 수 있다 / 높이.

⑪ 그는 일본으로 여행 가지 않을 거야.
He ____ isn't ____ going ____ to ____ travel to Japan.

⑫ 그들은 일본으로 여행 가지 않을 거야.
They ____ aren't ____ going ____ to ____ travel to Japan.

도전! 문장 쓰기

⑬ 그들은 이탈리아로 여행 갈 거야.
They are[They're] going to travel to Italy.

⑭ 그들은 이탈리아로 여행 갈 거니?
Are ____ they ____ going ____ to ____ travel to Italy?

⑮ 그녀는 이탈리아로 여행 갈 거니?
Is ____ she ____ going ____ to ____ travel ____ to ____ Italy?

⑯ 그녀는 이탈리아에 머무를 거니?
Is she going to stay in Italy?

도전! 문장 쓰기

⑰ 그녀는 일주일 동안 이탈리아에 머무를 거야.
She's ____ going ____ to ____ stay in Italy for a week.

⑱ 나는 일주일 동안 로마에 머무를 거야.
I'm ____ going ____ to ____ stay ____ in Rome for a week.

알아두면 좋아요

필수 단어 take a rest 쉬다 learn 배우다 Japanese 일본어 travel 여행하다 Italy 이탈리아 stay 머무르다 for a week 일주일 동안 Rome 로마

02 쓰다 보면 문법이 안 외워진다!

1 Fred can play the piano.
프레드는 / 연주할 수 있다 / 피아노를

2 Fred can play the violin.
프레드는 / 연주할 수 있다 / 바이올린을

3 I can play the violin.
나는 / 연주할 수 있다 / 바이올린을

4 I can play music.
나는 / 연주할 수 있다 / 음악을

5 Everyone can play music.
누구나 / 연주할 수 있다 / 음악을

6 Everyone can dance .
누구나 / 춤출 수 있다

7 He can dance very well.
그는 / 춤출 수 있다 / 매우 잘

8 He can drive very well.
그는 / 운전할 수 있다 / 매우 잘

9 He can ride a bike very well.
그는 / 자전거를 / 탈 수 있다 / 매우 잘

10 She can ride a bike very well.
그녀는 / 탈 수 있다 / 자전거를 / 매우 잘

문제로 문법 정리

괄호 안의 단어 중 알맞은 것을 고르세요.

1. Jane (can/ cans) play the guitar.

2. Mr. Smith can (swims /swim) very well.

03 문장이 써지면 이 영문법은 OK!

1 나는 아랍어를 쓸 수 있다.
I can write Arabic.

2 나는 아랍어를 읽을 수 있다.
I can read Arabic.

3 나는 러시아어를 읽을 수 있다.
I can read Russian.

4 그녀는 러시아어를 읽을 수 있다.
She can read Russian.

5 그녀는 러시아어를 쓸 수 있다.
She can write Russian.

6 그녀는 러시아어로 말할 수 있다.
She can speak Russian .

7 그녀는 러시아어를 이해할 수 있다.
She can understand Russian .

8 그녀는 독일어를 이해할 수 있다.
She can understand German .

9 그녀는 독일어를 읽을 수 있다.
She can read German .

10 그녀는 독일어를 쓸 수 있다.
She can write German.

도전! 문장 쓰기

06 | I am able to swim.

01 비교하면 답이 보인다!

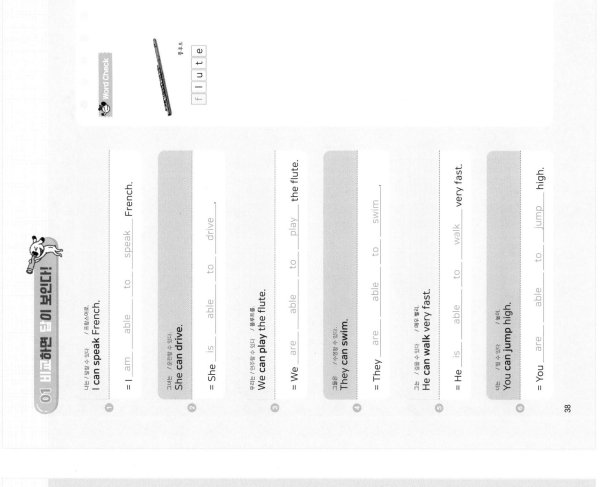

① 나는 / 말할 수 있다 / 프랑스어로
I can speak French.
= I __am__ __able__ __to__ __speak__ French.

② 그녀는 / 운전할 수 있다.
She can drive.
= She __is__ __able__ __to__ drive __.

③ 우리는 / 연주할 수 있다 / 플루트를.
We can play the flute.
= We __are__ __able__ __to__ __play__ __the__ flute.

④ 그들은 / 수영할 수 있다.
They can swim.
= They __are__ __able__ __to__ __swim__ __.

⑤ 그는 / 걸을 수 있다 / 매우 빨리.
He can walk very fast.
= He __is__ __able__ __to__ __walk__ very fast.

⑥ 너는 / 뛸 수 있다 / 높이.
You can jump high.
= You __are__ __able__ __to__ __jump__ high.

Word Check

플루트
f l u t e

38

⑪ 그녀는 독일어로 말할 수 있다.
__She can speak German.__

⑫ 그녀는 프랑스어로 말할 수 있다.
__She__ __can__ speak __French.__

⑬ 그들은 프랑스어로 말할 수 있다.
__They__ __can__ __speak__ __French.__

⑭ 그들은 프랑스어를 이해할 수 있다.
__They can understand French.__

⑮ 그들은 프랑스어를 읽을 수 있다.
They __can__ __read__ French.

⑯ 그들은 프랑스어를 쓸 수 있다.
__They__ __can__ __write__ __French__

⑰ 그들은 일본어를 쓸 수 있다.
__They__ __can__ __write__ Japanese.

⑱ 그는 일본어를 쓸 수 있다.
__He can write Japanese.__

알아두면 등이요

필수 단어 write 쓰다 read 읽다 speak 말하다 understand 이해하다

국가를 나타내는 단어 Korea 한국 Russia 러시아 Germany 독일 France 프랑스 Japan 일본 China 중국 America 미국
Spain 스페인

언어를 나타내는 단어 Korean 한국어 Russian 러시아어 German 독일어 French 프랑스어 Japanese 일본어 Chinese 중국어
English 영어 Spanish 스페인어 Arabic 아랍어

36

02 쓰면서 외우기

1. John __is__ able __to__ speak two languages.
   존은 / 말할 수 있다 / 2개의 언어를

2. They __are__ able __to__ speak two languages.
   그들은 / 말할 수 있다 / 2개의 언어를

3. I __am__ able __to__ speak __two__ languages
   나는 / 말할 수 있다 / 2개의 언어를

4. I __am__ able __to__ stand on my head.
   나는 / 설 수 있다 / 물구나무를[나의 머리로]

5. Susie __is__ able __to__ stand on __her__ head.
   수지는 / 설 수 있다 / 물구나무를[그녀의 머리로]

6. We __are__ able __to__ stand on __our__ heads.
   우리는 / 설 수 있다 / 물구나무를[우리 머리로]

7. Fred __is__ able __to__ stand on __his__ head
   프레드는 / 설 수 있다 / 물구나무를[그의 머리로]

8. Fred __is__ able __to__ stand on __his__ hands.
   프레드는 / 설 수 있다 / 물구나무를[그의 손으로]

9. You __are__ able __to__ stand on __your__ hands
   너는 / 설 수 있다 / 물구나무를[너의 손으로]

10. I __am__ able __to__ stand on my __hands__.
    나는 / 설 수 있다 / 물구나무를[나의 손으로]

stand on one's hands

39

03 문장이 써지면 이 영문법은 OK!

1. 나는 다이빙과 수영을 할 수 있어.
   I __am__ able __to__ dive and swim.

2. 그는 다이빙과 수영을 할 수 있어.
   He is[He's] able to dive and swim.

3. 그는 강에서 수영할 수 있어.
   He __is__ able __to__ swim __in__ the river.

4. 우리는 강에서 수영할 수 있어.
   We __are__ able __to__ swim __in__ the river.

5. 그녀와 나는 수영할 수 있어.
   She and I are __able__ __to__ swim.

6. 그녀와 나는 벽을 타고 오를 수 있어.
   She and I are __able__ __to__ climb __up__ the wall.

7. 그녀는 벽을 타고 오를 수 있어.
   She __is__ able __to__ climb up the wall.

8. 나는 벽을 타고 오를 수 있어.
   I am[I'm] able to climb up the wall.

9. 나는 자전거를 탈 수 있어.
   I __am__ able __to__ ride a bike.

도전 문장 쓰기

40

07 | I can't swim.

01 비교하면 답이 보인다!

빈칸에 맞춰 can't 또는 be not able to를
이용하여 문장을 완성하세요.

1. 나는 / 말할 수 없다 / 러시아어를
I can't speak Russian.
= I ___am___ ___not___ __able to speak Russian.__

2. 그녀는 / 운전할 수 없다 / 차를
She can't __drive a car.__
= She isn't ___ able ___ to ___ drive ___ a car.

3. 우리는 / 연주할 수 없다 / 드럼을
We ___ can't __play the drums.__
= We ___ aren't ___ able ___ to ___ play ___ the drums.

4. 그들은 / 스키를 탈 수 없다.
They ___ can't __ski.__
= They ___ aren't ___ able ___ to ___ ski ___ .

5. 그는 / 달릴 수 없다 / 매우 빨리
He ___ can't __run very fast.__
= He ___ isn't ___ able ___ to ___ run ___ very fast.

6. 우리는 / 할 수 없다 / 배구를 / 함께
We ___ can't __play volleyball together.__
= We ___ aren't ___ able ___ to ___ play ___ volleyball together.

43

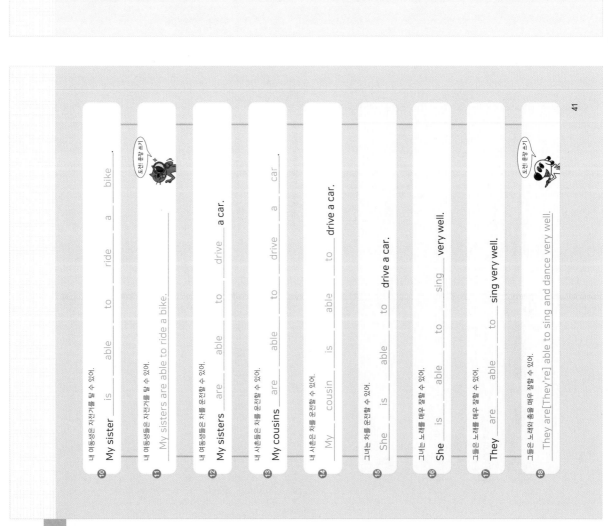

10. 내 여동생은 자전거를 탈 수 있어.
My sister ___ is ___ able ___ to ___ ride ___ a ___ bike ___ .
(도전! 문장 쓰기)

11. 내 여동생들은 자전거를 탈 수 있어.
My sisters are able to ride a bike.

12. 내 여동생들은 차를 운전할 수 있어.
My sisters ___ are ___ able ___ to ___ drive ___ a ___ car.

13. 내 사촌들은 차를 운전할 수 있어.
My cousins ___ are ___ able ___ to ___ drive a car.

14. 내 사촌은 차를 운전할 수 있어.
My ___ cousin ___ is ___ able ___ to ___ drive a car.

15. 그녀는 차를 운전할 수 있어.
She ___ is ___ able ___ to ___ drive a car.

16. 그녀는 노래를 매우 잘할 수 있어.
She ___ is ___ able ___ to ___ sing ___ very well.

17. 그들은 노래를 매우 잘할 수 있어.
They ___ are ___ able ___ to ___ sing very well.

18. 그들은 노래와 춤을 매우 잘할 수 있어.
They are[They're] able to sing and dance very well.
(도전! 문장 쓰기)

41

03 문장이 써지면 이 영문법은 OK!

1 우리 할머니는 컴퓨터를 사용할 수 없다.
My grandma isn't able to use a computer.

2 우리 조부모님은 컴퓨터를 사용할 수 없다.
My grandparents aren't able to use a computer.

3 우리 조부모님은 스마트폰을 사용할 수 없다.
My grandparents aren't able to use a smartphone.

4 우리 조부모님은 스마트폰을 사용할 수 없다.
My grandparents can't use a smartphone.

5 우리 할아버지는 스마트폰을 사용할 수 없다.
My grandpa can't use a smartphone.

6 그는 스마트폰을 사용할 수 없다. (can't 이용)
He can't use a smartphone.

7 그는 이메일을 보낼 수 없다.
He can't send emails.

8 그는 이메일을 보낼 수 없다.
He isn't able to send emails.

9 우리는 이메일을 보낼 수 없다. (be not able to 이용)
We aren't able to send emails.

10 우리는 문자 메시지를 보낼 수 없다.
We aren't able to send text messages.

45

14

---

02 쓰다 보면 문법이 저절로!

1 The man can't build a new house.
그 남자는 / 지을 수 없다 / 새 집을.

2 The man isn't able to build a new house.
그 남자는 / 지을 수 없다 / 새 집을.

3 We aren't able to build a new house.
우리는 / 지을 수 없다 / 새 집을.

4 We can't build a new house.
우리는 / 지을 수 없다 / 새 집을.

5 We can't clean the house.
우리는 / 청소할 수 없다 / 집을.

6 She can't clean the house.
그녀는 / 청소할 수 없다 / 집을.

7 She isn't able to clean the house.
그녀는 / 청소할 수 없다 / 집을.

8 I am not able to clean the house.
나는 / 청소할 수 없다 / 집을.

9 I am not able to paint the house.
나는 / 페인트칠 할 수 없다 / 집을.

10 I can't paint the house.
나는 / 페인트칠 할 수 없다 / 집을.

문제로 문법 정리

두 문장을 모두 부정문으로 바꿀 때 not이 들어갈 위치를 고르세요.

She (①) can (②) paint (③) the wall.

= She (①) is (②) able to (③) paint the wall.

44

01 비교하면 답이 본다!

1) 나는 / 할 수 있다 / 쓰다 / 스페인어를
I can write Spanish.

= Can ___ you ___ write ___ Spanish?
= **Are you able to write Spanish?** (능력)
나는 / 할 수 있나 / 스페인어를?
___ 쓰다 / 스페인어를?

2) 나는 / 할 수 있다 / 운전하다
I can drive.

= Can ___ you ___ drive ___ ?
운전하다?
= ___ Are ___ you ___ able ___ to ___ drive ___ ?
나는 할 수 있나 / 운전하다?

3) 너는 / ~해도 좋다 / 집에 가다.
You can go home.

Can ___ I ___ go ___ home? (허가)
~해도 될까요 / 제가 / 집에 가다?

4) 너희는 / ~해도 좋다 / 먹다 / 이 피자를.
You can eat this pizza.

Can ___ we ___ eat ___ this pizza? (허가)
~해도 되니 / 우리가 / 먹다 / 이 피자를?

5) 나는 / ~할 수 있다 / 닫다 / 창문을.
I can close the window.

Can ___ you ___ close ___ the window? (요청)
~해줄 수 있나 / 너는 / 닫다 / 창문을?

6) 나는 / ~할 수 있다 / 돕다 / 너를.
I can help you.

Can ___ you ___ help ___ me? (요청)
~해줄 수 있나 / 너는 / 돕다 / 나를?

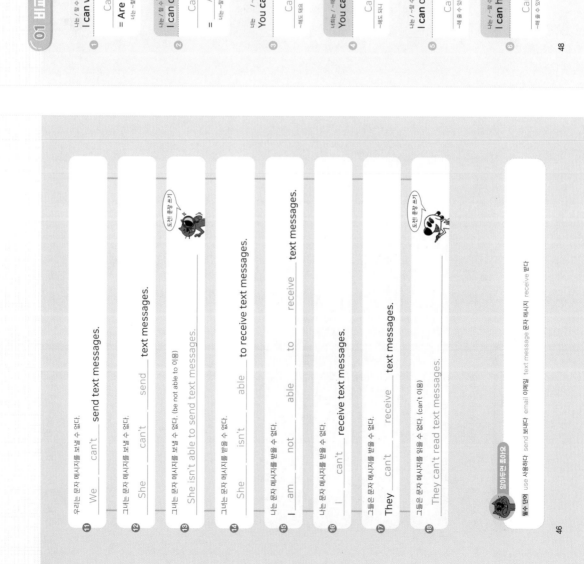

11) 우리는 문자 메시지를 보낼 수 없다.
We ___ can't ___ send ___ text messages.

12) 그녀는 문자 메시지를 보낼 수 없다.
She ___ can't ___ send ___ text messages.

13) 그녀는 문자 메시지를 보낼 수 없다. (be not able to 이용)
She isn't able to send text messages.

14) 그녀는 문자 메시지를 받을 수 없다.
She ___ isn't ___ able ___ to receive text messages.

15) 나는 문자 메시지를 받을 수 없다.
I ___ am ___ not ___ able ___ to ___ receive ___ text messages.

16) 나는 문자 메시지를 받을 수 없다.
I ___ can't ___ receive ___ text messages.

17) 그들은 문자 메시지를 읽을 수 없다. (can't 이용)
They ___ can't ___ receive ___ text messages.

18) 그들은 문자 메시지를 읽을 수 없다.
They can't read text messages.

단어는 돕아요
필수 단어 use 사용하다 send 보내다 email 이메일 text message 문자 메시지 receive 받다

02 문장 읽으면 문법이 저절로!

① A: __Can__ you speak English?
~할 수 있다 / 영어를?
B: Yes, I can. / __No__, I __can't__.
응, 할 수 있어. 아니, 난 말할 수 없어.

② A: __Are__ __you__ __able__ __to__ speak English?
너는 ~할 수 있니 / 말하다 / 영어를?
B: Yes, I __am__. / No, I'm __not__.
응, 할 수 있어. 아니, 난 말할 수 없어.

③ A: __Is__ __he__ __able__ to speak English?
그는 ~할 수 있니 / 말하다 / 영어를?
B: Yes, __he__ __is__. / No, __he__ __isn't__.
응, 그는 할 수 있어. 아니, 그는 할 수 없어.

④ A: __Can__ __he__ speak English?
~할 수 있다 / 영어를?
B: Yes, he can. / No, he __can't__.
응, 그는 할 수 있어. 아니, 그는 할 수 없어.

⑤ A: __Can__ __he__ read English?
~할 수 있다 / 읽다 / 영어를?
B: Yes, __he__ __can__. / No, he __can't__.
응, 그는 할 수 있어. 아니, 그는 할 수 없어.

⑥ A: __Can__ __they__ read English?
그들은 / 읽다 / 영어를?
B: Yes, they __can__. / No, __they__ __can't__.
응, 그들은 할 수 있어. 아니, 그들은 할 수 없어.

문제로 문법 정리
괄호 안의 단어 중 알맞은 것을 고르세요.
1. Can she (**drive** / drives)?
2. (Are / **Can**) you able to write Japanese?

49

16

03 문장이 써지면 이 영문법은 OK!

① 문을 열어 줄래요?
__Can__ __you__ open the door?

② 문을 열어 주시겠어요?
__Can__ __you__ open the door, please?

> 부탁이나 요청을 좀 더 정중하게 할 때는 please를 덧붙일 수 있어.

③ 문을 닫아 주시겠어요?
__Can__ __you__ close the door, __please__ ?

④ 창문을 닫아 주시겠어요?
Can you close the window, please?

⑤ 저 좀 도와주시겠어요?
__Can__ you help me, please?

⑥ 저 좀 도와줄래요?
Can you __help__ __me__? — I'm __sorry__ , but I can't.
미안하지만, 안 되겠어요.

⑦ 제가 도와 드릴까요?
__Can__ __I__ help you?

> 경찰이 손님을 맞았을 때 주로 쓰는 표현이야.

⑧ 제가 이것을 사용해도 될까요?
__Can__ __I__ use this? — I'm sorry, but you __can't__ .
미안하지만, 안 돼.

도전! 문장 쓰기

읽어두면 좋아요 — I'm sorry로 대답을 부드럽게

허락을 해 주지 않거나 요청을 들어 주지 않을 때 No, you can't로 답할 수도 있지만, 실생활에서는 상대방이 민망하지 않게 No 대신 I'm sorry를 써서 부드럽게 답해요.

질문	긍정의 대답	부정의 대답
Can I go out and play? 나가서 놀아도 돼요?	Yes, you can. 응, 그래도 돼.	I'm sorry, but you can't. 미안하지만, 안 돼.
Can you help me? 나를 도와줄래?	Yes, I can. 응, 도와줄 수 있어.	I'm sorry, but I can't. 미안하지만, 도와줄 수 없어.

50

09 | can/be able to 총정리

Units 05-08 복습

09과 can/be able to 총정리

Unit 09 듣기

01 비교하면 답이 보인다!

나는 /~할 수 있다 / 요리하다 / 라면을
I can cook ramyeon.

① = I __am__ __able__ __to__ cook ramyeon.

그들은 /~할 수 있다 / 말하다 / 중국어로
They can speak Chinese.

② They __can__ speak Chinese.
그들은 /~할 수 있다 / 중국어로

그녀는 /~할 수 있다 / 운전하다
She __is__ __able__ __to__ drive.
/ 운전하다.

③ She **isn't able to drive.**
그녀는 /~할 수 없다 / 운전하다

그는 /~할 수 있다 / 요리하다
He **can cook.** = He __is__ __able__ __to__ cook.

④ Can __he__ cook? = Is he able to cook?
~할 수 있다 / 그는 / 요리하다

너는 /~할 수 있다 / 가다 / 파티에
You __can__ go to the party.

⑤ Can I __go__ to the party?
~해도 되나요 / 저는 / 가다 / 파티에?

---

⑨ 제가 이것을 먹어도 될까요?
__Can__ __I__ eat __this__ ? — Yes, you can.
니, 돼요.

⑩ 저는 나가서 놀아도 돼요?
__Can__ __I__ go out and play?

⑪ 제가 여기서 축구를 해도 될까요?
__Can__ __I__ play soccer here? — I'm sorry , but you can't.
미안하지만, 안 돼요.

⑫ 우리가 여기서 축구를 해도 될까요?
Can we play soccer here? （도전! 문장 쓰기）

⑬ 너는 축구를 할 수 있니?
__Can__ __you__ play soccer?

⑭ 너는 배드민턴을 칠 수 있니?
__Can__ __you__ play badminton?

⑮ 그녀는 배드민턴을 칠 수 있니? (can 이용)
Can she play badminton? （도전! 문장 쓰기）

⑯ 그녀는 바이올린을 연주할 수 있니?
__Can__ __she__ play the violin?

⑰ 네 언니는 바이올린을 연주할 수 있니?
Can your sister play __the__ violin ?

⑱ 네 언니들은 바이올린을 연주할 수 있니? (can 이용)
Can your sisters play the violin? （도전! 문장 쓰기）

02 대 보면 문법이란다!

> 빈칸에 맞춰 can 또는 be able to를 이용하여 문장을 완성하세요.

① He can't[cannot] skate.
그는 스케이트를 탈 수 없어.

② He isn't ___able___ ___to___ skate.
그는 스케이트를 탈 수 없어.

③ They aren't ___able___ ___to___ skate.
그들은 스케이트를 탈 수 없어.

④ They can skate.
그들은 스케이트를 탈 수 있어. (can 이용)

⑤ I ___am___ ___able___ ___to___ skate.
나는 스케이트를 탈 수 없어.

⑥ I am[I'm] not able to skate.
나는 스케이트를 탈 수 없어. (be able to 이용)

⑦ I ___am___ able to ski.
나는 스키를 탈 수 있어. (be able to 이용)

⑧ Are you able to ski?
너는 스키를 탈 수 있니? (be able to 이용)

읽어두면 좋아요

~는 스키를 탈 수 있어. / ~는 스키를 탈 못 타. / ~는 스키를 탈 수 있나?

긍정문	부정문	의문문
You can ski.	You can't ski	Can you ski?
You are able to ski.	You aren't able to ski.	Are you able to ski?
She can ski.	She can't ski	Can she ski?
She is able to ski.	She isn't able to ski.	Is she able to ski?

53

읽어두면 좋아요

Can I help you?로 물어볼 때 대답은 어떻게 할까?

Can I help you?는 매장에서 점원이 손님에게 자주 사용하는 말로 점원의 도움이 필요하면 Yes, please, 반대로 점원의 도움이 필요하지 않다면 No, thank you.라고 대답하면 돼.

⑨ Can you ski?
너는 스키를 탈 수 있니?

⑩ Can you help me?
너는 나를 도와줄 수 있니?

⑪ Can I help you?
제가 도와 드릴까요?

⑫ Can I watch TV?
제가 TV를 봐도 돼요?

⑬ Can I use the computer?
제가 그 컴퓨터를 써도 돼요?

⑭ Can you use the computer?
너는 그 컴퓨터를 쓸 수 있니?

⑮ Can you fix the ___computer___ ___?___
너는 그 컴퓨터를 고칠 수 있니?

⑯ Are ___you___ able ___to___ fix the computer?
너는 그 컴퓨터를 고칠 수 있니?

⑰ Is she able ___to___ ___fix___ the computer?
그녀는 그 컴퓨터를 고칠 수 있니?

⑱ Can ___she___ ___fix___ the computer?
그녀는 그 컴퓨터를 고칠 수 있니?

54

18

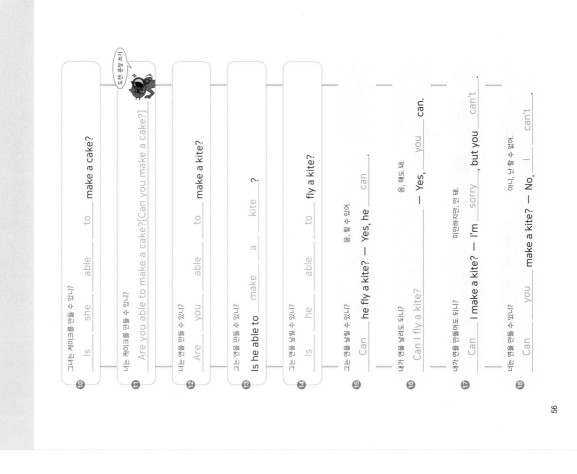

03 문장이 써지면 이 영영뜻은 OK!

cannot과 <be동사 + not>은 줄임말로 쓰세요.

can의 부정적인 뜻은 '나이에'만 우리말로는 주로 '나의 아버지가 아닌 '우리 아버지라고 하니까 자연스럽게 해석하면 '우리 아버지라고 하는 게 좋아.

1. 우리 아버지가 그 자전거를 고칠 수 있어.
My father can fix the bike.

2. 우리 아버지는 그 자전거를 고칠 수 없어.
My father can't fix the bike.

3. 우리 아버지는 그 문에 페인트를 칠할 수 없어.
My father can't paint the door.

4. 우리 아버지는 그 문에 페인트를 칠할 수 없어.
My father isn't able to paint the door.

5. 그들은 그 문에 페인트를 칠할 수 없어.
They aren't able to[can't] paint the door.

6. 그들은 말을 탈 수 없어.
They aren't able to ride a horse.

7. 그들은 말을 탈 수 있어.
They are able to ride a horse.

8. 그녀는 말을 탈 수 있어.
She is able to[can] ride a horse.

9. 그녀는 말을 탈 수 있니?
Is she able to ride a horse?

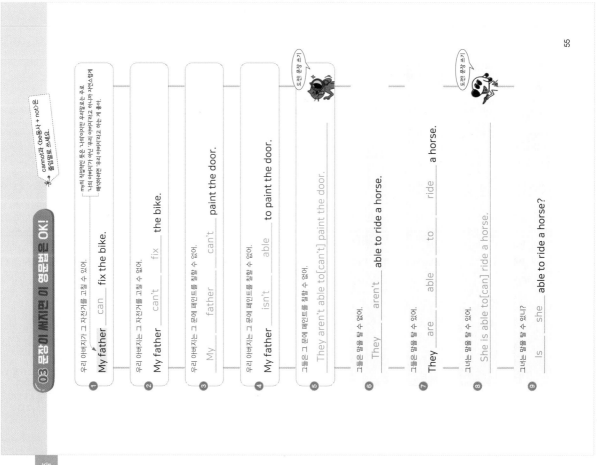

10. 그녀는 케이크를 만들 수 있니?
Is she able to make a cake?

11. 너는 케이크를 만들 수 있니?
Are you able to make a cake?[Can you make a cake?]

12. 너는 연을 만들 수 있니?
Are you able to make a kite?

13. 그는 연을 만들 수 있니?
Is he able to make a kite?

14. 그는 연을 날릴 수 있니?
Is he able to fly a kite?

15. 그는 연을 날릴 수 있니? 응, 할 수 있어.
Can he fly a kite? — Yes, he can.

16. 내가 연을 날려도 되니? 응, 해도 돼.
Can I fly a kite? — Yes, you can.

17. 내가 연을 만들어도 되니? 미안하지만, 안 돼.
Can I make a kite? — I'm sorry, but you can't.

18. 너는 연을 만들 수 있니? 아니, 난 할 수 없어.
Can you make a kite? — No, I can't.

10 | I must go there.

01 비교하며 답이 보인다!

1. 나는 / ~해야만 한다 / 일어나다 / 7시에.
I **must get up** at 7:00.
= I __ have __ to __ get up at 7:00.

2. 그녀는 / ~해야만 한다 / 떠나다 / 이제.
You __ must __ leave now.
= She **has to** leave now.

3. 나는 / ~해야만 한다 / 말하다 / 사실을.
You __ must __ to __ tell __ the truth.
= You __ have __ to __ tell __ the truth.

> must는 문어체에서 많이 사용하고,
> have to는 회화체에서 많이 사용해.

4. 우리는 / ~해야만 한다 / 공부하다 / 열심히.
We __ must __ study hard.
= We __ have __ to __ study __ hard.

5. 그는 / ~해야만 한다 / 가다 / 그 가게에.
He __ must __ go to the store.
= He __ has __ to __ go __ to the store.

6. 그들은 / ~해야만 한다 / 돌아오다 / 5시까지.
They __ must __ come back by 5:00.
= They __ have __ to __ come __ back by 5:00.

Word Check

g e t u p

h a r d

빈칸에 맞춰 must 또는 have to를 이용하여 문장을 완성하세요.

02 써다 보면 문장이 보인다!

1. I __ must __ go __ home __ now.
나는 / ~해야만 한다 / 집에 가다 / 지금.

2. I __ have __ to __ go __ home __ now.
나는 / ~해야만 한다 / 집에 가다 / 지금.

3. He __ has __ to __ go __ home __ now.
그는 / ~해야만 한다 / 집에 가다 / 지금.

4. He __ must __ go __ home __ now.
그는 / ~해야만 한다 / 집에 가다 / 지금.

5. He __ must __ go __ to __ bed __ now.
그는 / ~해야만 한다 / 잠자리에 들다 / 지금.

6. You __ must __ go __ to __ bed now.
너는 / ~해야만 한다 / 잠자리에 들다 / 지금.

7. You __ have __ to __ go __ to bed now.
너는 / ~해야만 한다 / 잠자리에 들다 / 지금.

8. She __ has __ to __ go __ to bed now.
그녀는 / ~해야만 한다 / 잠자리에 들다 / 지금.

9. She __ has __ to __ cook food for ten people.
그녀는 / ~해야만 한다 / 조리하다 / 음식을 / 10명을 위해.

10. We __ have __ to __ cook __ food for ten people.
우리는 / ~해야만 한다 / 조리하다 / 음식을 / 10명을 위해.

> **알아두면 좋아요**
>
> '~해야만 했다' must는 과거형이 없기 때문에 have to/has to의 과거형을 써서 had to로 표현해야 해.
>
> He **has to** leave. (그는 떠나야 한다.)
> → He **had to** leave. (그는 떠나야 했다.)

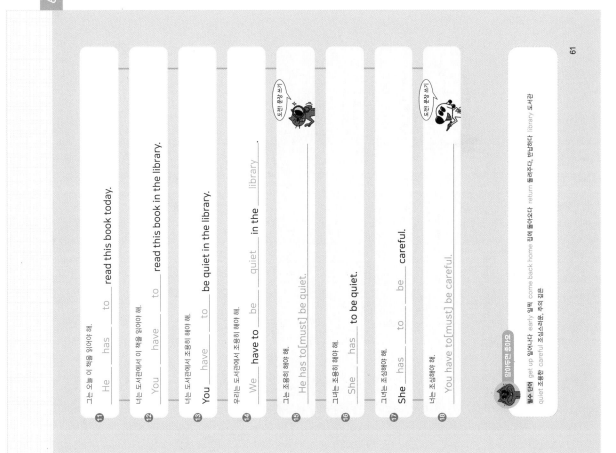

03 문장이 써지면 이 영문법은 OK!

빈칸에 맞춰 must 또는 have to를 이용하여 문장을 완성하세요.

① 우리는 내일 일찍 일어나야 해.
We must ___ get ___ up ___ early tomorrow.

② 그는 내일 일찍 일어나야 해.
He ___ must ___ get ___ up ___ early ___ tomorrow.

③ 그는 오늘 일찍 집에 돌아와야 해.
___ He ___ must ___ come back home early today.

④ 그들은 오늘 일찍 집에 돌아와야 해.
They ___ must ___ come ___ back ___ home ___ early today.

⑤ 나는 오늘 일찍 집에 돌아와야 해.
I must[have to] come back home early today.

⑥ 나는 오늘 이 책을 반납해야 해.
I ___ must ___ return this book today.

⑦ 너는 오늘 이 책을 반납해야 해.
You ___ must ___ return ___ this book today.

⑧ 우리는 오늘 이 책을 반납해야 해.
We ___ must ___ return ___ this ___ book ___ today.

⑨ 우리는 오늘 이 책을 읽어야 해.
We must[have to] read this book today.

⑩ 우리는 오늘 이 책을 읽어야 해.
We ___ have ___ to ___ read ___ this ___ book ___ today.

⑪ 그는 오늘 이 책을 읽어야 해.
He ___ has ___ to ___ read this book today.

⑫ 너는 도서관에서 이 책을 읽어야 해.
You ___ have ___ to ___ read this book in the library.

⑬ 너는 도서관에서 조용히 해야 해.
You ___ have ___ to ___ be quiet in the library.

⑭ 우리는 도서관에서 조용히 해야 해.
We have to ___ be ___ quiet ___ in the ___ library ___.

⑮ 그는 조용히 해야 해.
He has to[must] be quiet.

⑯ 그녀는 조용히 해야 해.
___ She ___ has ___ to be quiet.

⑰ 그녀는 조심해야 해.
She ___ has ___ to ___ be ___ careful.

⑱ 너는 조심해야 해.
You have to[must] be careful.

필수 단어 get up 일어나다 early 일찍 come back home 집에 돌아오다 return 돌려주다, 반납하다 library 도서관
quiet 조용한 careful 조심스러운, 주의 깊은

11 | You must not go there.

01 비교하면서 답이 보인다!

너는 /~해야만 한다 /말하다 /사실을
You must tell the truth.

①
You ___ must ___ not ___ tell ___ the truth.
너는 /~해서는 안 된다 /말하다 /사실을

②
그는 /~해야만 한다 /가다 /그 가게에
He ___ must ___ go ___ to the store.

He ___ must ___ not ___ go ___ to the store.
그는 /~해서는 안 된다 /가다 /그 가게에

③
우리는 /~해야만 한다 /건너다 /길을 /지금.
We ___ must ___ cross the street now.

We ___ must ___ not ___ cross the street now.
우리는 /~해서는 안 된다 /건너다 /길을 /지금.

④
너는 /~해야만 한다 /오다 /여기에.
You have to come here.

⑤
You ___ don't ___ have ___ to ___ come here.
너는 /~할 필요가 없다 /오다 /여기에

그녀는 /~해야만 한다 /하다 /숙제를.
She ___ has ___ to ___ do her homework.

She ___ doesn't ___ have ___ to ___ do her homework.
그녀는 /~할 필요가 없다 /하다 /숙제를.

⑥
우리는 /~해야만 한다 /일어나다 /내일 일찍.
We ___ have ___ to ___ get up early tomorrow.

We ___ don't ___ have ___ to ___ get up early tomorrow.
우리는 /~할 필요가 없다 /일어나다 /내일 일찍.

Word Check

c r o s s

s t r e e t

---

02 써 보면 문법이 보인다!

① He must ___ not ___ make a noise.
그는 /~해서는 안 된다 /떠들다.

② We ___ must ___ not ___ make a noise here.
우리는 /~해서는 안 된다 /떠들다 /여기에서.

③ We ___ must ___ not ___ run here.
우리는 /~해서는 안 된다 /뛰다 /여기에서.

④ We ___ must ___ not ___ run ___ in the library.
우리는 /~해서는 안 된다 /뛰다 /도서관에서.

⑤ You ___ must ___ not ___ run ___ in ___ the library.
너희는 /~해서는 안 된다 /뛰다 /도서관에서.

⑥ You ___ don't ___ have ___ to ___ run ___ .
너희는 /~할 필요가 없다 /뛰다.

⑦ You ___ don't ___ have ___ to ___ buy the dress.
너희는 /~할 필요가 없다 /사다 /그 드레스를.

⑧ She ___ doesn't ___ have ___ to ___ buy ___ the dress.
그녀는 /~할 필요가 없다 /사다 /그 드레스를.

⑨ She ___ doesn't ___ have to ___ buy ___ the book.
그녀는 /~할 필요가 없다 /사다 /그 책을.

⑩ He ___ doesn't ___ have ___ to ___ buy the ___ book.
그는 /~할 필요가 없다 /사다 /그 책을.

문제로 문법 정리

다음 ①~③ 중 두 문장의 의미가
같지 않은 것을 고르세요.

① She can swim.
 = She is able to swim.

② He must come here.
 = He has to come here.

③ You must not lie.
 = You don't have to lie.

03 문장이 써지면 이 영문법은 OK!

<do/does + not>은 줄임말로 쓰세요.

1 너는 거기에 갈 필요가 없어.
You don't have to go there.

2 너는 거기에 가서는 안 돼.
You must not go there.

3 그녀는 거기에 가서는 안 돼.
She must not go there.

4 그녀는 거기에 갈 필요가 없어.
She doesn't have to go there.

5 그녀는 그 역에 갈 필요가 없어.
She doesn't have to go to the station.

6 나는 그 역에 갈 필요가 없어.
I don't have to go to the station.

7 나는 그 기차역에 갈 필요가 없어.
I don't have to go to the train station.

8 너는 그 기차를 탈 필요가 없어.
I don't have to take the train.

9 너는 그 기차를 타서는 안 돼.
I must not take the train.

10 그는 그 기차를 타서는 안 돼.
He must not take the train.

11 그는 그 기차를 탈 필요가 없어.
He doesn't have to take the train.

12 그는 택시를 탈 필요가 없어.
He doesn't have to take a taxi.

13 그들은 택시를 탈 필요가 없어.
They don't have to take a taxi.

14 그들은 택시를 타서는 안 돼.
They must not take a taxi.

15 그들은 그 뉴스를 봐서는 안 돼.
They must not watch the news.

16 내 여동생은 그 뉴스를 봐서는 안 돼.
My sister must not watch the news.

17 내 여동생은 그 뉴스를 볼 필요가 없어.
My sister doesn't have to watch the news.

18 내 여동생은 그들을 만날 필요가 없어.
My sister doesn't have to meet them.

필수 단어 station 역 train 기차 take (탈것을) 타다 watch 보다 news 뉴스, 소식 meet 만나다

12 | Must you go there?

01 비교하면서 따라 그려요!

1. 그녀는 / -해야만 한다 / 떠나다 / 지금
She must leave now.
Must ___ she ___ leave ___ now?
-해야만 하니 / 그녀는 / 떠나다 / 지금?

2. 우리는 / -해야만 한다 / 공부하다 / 열심히.
We must study hard.
Must ___ we ___ study ___ hard?
-해야만 하니 / 우리는 / 공부하다 / 열심히?

3. 너는 / -해야만 한다 / 가다 / 그 가게에.
You must go to the store.
Must ___ you ___ go ___ to the store?
-해야만 하니 / 너는 / 가다 / 그 가게에?

4. 그녀는 / -해야만 한다 / 떠나다 / 지금
She has to leave now.
Does ___ she ___ have ___ to ___ leave now?
-하니 / 그녀는 / -해야만 하다 / 떠나다 / 지금?

5. 우리는 / -해야만 한다 / 공부하다 / 열심히.
We have to study hard.
Do ___ we ___ have ___ to ___ study hard?
-하니 / 우리는 / -해야만 하다 / 공부하다 / 열심히?

6. 너는 / -해야만 한다 / 가다 / 그 가게에.
You have to go to the store.
Do ___ you ___ have ___ to ___ go to the store?
-하니 / 너는 / -해야만 하다 / 가다 / 그 가게에?

02 쓰다 보면 문법이 외워요!

※ 빈칸에 맞춰 must 또는 have to를 이용하여 문장을 완성하세요.

1. A: Must ___ you go home now?
-해야만 하니 / 너는 / 집에 가다 / 지금?
B: Yes, I must ___ . / No, I ___ don't ___ have ___ to.
응, 나는 그래야 해. / 아니, 나는 그럴 필요 없어.

2. A: Must ___ she ___ go ___ home now?
-해야만 하니 / 그녀는 / 집에 가다 / 지금?
B: Yes, she ___ must. / No, she ___ doesn't ___ have ___ to.
응, 그녀는 그래야 해. / 아니, 그녀는 그럴 필요 없어.

3. A: Must ___ she ___ stay home?
-해야만 하니 / 그녀는 / 집에 있다?
B: Yes, she ___ must ___ . / No, she doesn't ___ have ___ to.
응, 그녀는 그래야 해. / 아니, 그녀는 그럴 필요 없어.

4. A: Does ___ she ___ have ___ to ___ stay home?
-하니 / 그녀는 / -해야만 하다 / 집에 있다?
B: Yes ___ , she does. / No, she doesn't.
응, 그녀는 그래야 해. / 아니, 그녀는 그럴 필요 없어.
(No, she doesn't have to로 대신 / No, she doesn't와 같이 쓸 수 있어.)

5. A: Does he ___ have ___ to ___ stay ___ at the hotel?
-하니 / 그는 / -해야만 하다 / 머물다 / 그 호텔에?
B: Yes, he ___ does ___ . / No, ___ he ___ doesn't.
응, 그는 그래야 해. / 아니, 그는 그럴 필요 없어.

6. A: Do ___ you ___ have ___ to stay ___ at ___ the ___ hotel ___ ?
-하니 / 너는 / -해야만 하다 / 머물다 / 그 호텔에?
B: Yes, I ___ do ___ . / No, I ___ don't.
응, 나는 그래야 해. / 아니, 나는 그럴 필요 없어.

03 문장이 써지면 이 영문법은 OK!

빈칸에 맞춰 must 또는 have to를 이용하여 문장을 완성하세요.

①
A: Must we get up early tomorrow?
우리는 내일 일찍 일어나야 해?
B: No, we don't have to.
아니, 우리는 그럴 필요 없어.

②
A: Must he get up early tomorrow?
그는 내일 일찍 일어나야 해?
B: Yes, he must.
응, 그는 그래야 해.

③
A: Must he come back home early tomorrow?
그는 내일 일찍 집에 돌아와야 해?
B: No, he doesn't have to.
아니, 그는 그럴 필요 없어.

④
A: Must you come back home early tomorrow?
너는 내일 일찍 집에 돌아와야 해?
B: Yes, I must.
응, 나는 그래야 해.

⑤
A: Must I come back home early today? (must 이용)
내가 오늘 일찍 집에 돌아와야 해?
B: No, you don't have to.
아니, 너는 그럴 필요 없어.

⑥
A: Must you return this book today?
너는 오늘 이 책을 반납해야 해?
B: Yes, I must.
응, 나는 그래야 해.

⑦
A: Must she return this book today? (must 이용)
그녀는 오늘 이 책을 반납해야 해?
B: Yes, she must.
응, 그녀는 그래야 해.

70

⑧
A: Does she have to return this book today?
그녀는 오늘 이 책을 반납해야 해?
B: No, she doesn't.
아니, 그녀는 그럴 필요 없어.

⑨
A: Does she have to read this book today?
그녀는 오늘 이 책을 읽어야 해?
B: Yes, she does.
응, 그녀는 그래야 해.

⑩
A: Do I have to read this book today?
내가 오늘 이 책을 읽어야 하는 거야?
B: No, you don't.
아니, 너는 그럴 필요 없어.

⑪
A: Do I have to be quiet?
내가 조용히 있어야 해?
B: Yes, you do.
응, 너는 그래야 해.

⑫
A: Do they have to be quiet?
그들은 조용히 있어야 해?
B: Yes, they do.
응, 그들은 그래야 해.

⑬
A: Does he have to be quiet?
그는 조용히 있어야 해? (have to 이용)
B: No, he doesn't.
아니, 그는 그럴 필요 없어.

⑭
A: Does he have to meet her?
그는 그녀를 만나야 하는 거야?
B: Yes, he does.
응, 그는 그래야 해.

71

13 | must/have to 총정리

helmet
h e l m e t

bring
b r i n g

uniform
u n i f o r m

Word Check

01 비교하면 답이 보인다!

① 나는 /~해야 한다 / 가져오다 / 네 물을.
You **must** bring your water.
= You have to bring your water.

② 그녀는 /~해야 한다 / 입다 / 교복을.
She **must** wear the school uniform.
= She has to wear the school uniform.

③ 나는 /~해야 한다 / 가다 / 시장에.
I **must** go to the market.
I must not go to the market.
나는 /~하지 않아야 한다 / 가다 / 시장에.

④ 그는 /~해야 한다 / 읽다 / 그 책을.
He **must** read the book.
He must not read the book.
그는 /~하지 않아야 한다 / 읽다 / 그 책을.

⑤ 우리는 /~해야 한다 / 청소하다 / 교실을.
We **have to** clean the classroom.
Do we have to clean the classroom?
~하니 / 우리가 / ~해야 한다 / 청소하다 / 교실을?

⑥ 그녀는 /~해야 한다 / 가다 / 우체국에.
She **has to** go to the post office.
Does she have to go to the post office?
~하니 / 그녀는 / ~해야 한다 / 가다 / 우체국에?

02 쓰다 보면 문법이 보인다!

※ 빈칸에 맞춰 must 또는 have to를
이용하여 문장을 완성하세요.

① She must come here today.
그녀는 오늘 여기에 와야 한다.

② She has to come here today.
그녀는 오늘 여기에 와야 한다.

③ Does she have to come here today?
그녀가 오늘 여기에 와야 하니?

④ Do they have to come here today?
그들이 오늘 여기에 와야 하니? (have to 이용)

⑤ They have to come here today.
그들은 오늘 여기에 와야 한다.

⑥ They don't have to come here today.
그들은 오늘 여기에 올 필요가 없다.

⑦ They must not come here today.
그들은 오늘 여기에 오지 말아야 한다.

⑧ He must not come here today.
그는 오늘 여기에 오지 말아야 한다.

⑨ He doesn't have to come here today.
그는 오늘 여기에 올 필요가 없다.

⑩ He doesn't have to work today.
그는 오늘 일할 필요가 없다.

문제로 문법 정리

다음 내용을 읽고, 대화를 완성하세요.

• It's Sunday today.
• I don't work today.

A: Do you have to go to work?
B: No, I don't have to.

03 문장이 써지면 이 영문법은 OK!

> 빈칸에 맞춰 must 또는 have to를 이용하여 문장을 완성하세요.

1. 우리는 교실을 청소해야 해.
   We _have_ _to_ clean the classroom.

2. 우리는 교실을 청소할 필요가 없어.
   We _don't_ _have_ _to_ clean the classroom.

3. 그는 교실을 청소할 필요가 없어.
   He doesn't have to clean the classroom.

4. 그는 교실을 청소해야 해.
   _He_ _has_ _to_ clean the classroom.

5. 그는 그의 방을 청소해야 해.
   He _has_ _to_ clean _his_ room.

6. 그는 그의 방을 청소해야 하니?   아니, 그는 그럴 필요 없어.
   Does _he_ _have_ _to_ clean his room? — No, _he_ doesn't.

7. 너는 네 방을 청소해야 하니? (have to 이용)   응, 나는 그래야 해.
   Do you have to clean your room?   — _Yes_, I do.

8. 너는 네 방을 청소해야 하니?   응, 나는 그래야 해.
   Must _you_ _clean_ _your_ room? — Yes, I must.

9. 그녀는 그녀의 방을 청소해야 하니? (must 이용)   아니, 그녀는 그럴 필요 없어.
   Must she clean her room? — No, she doesn't _have_ to.

10. 그녀는 그녀의 방을 청소해야 해.
    She _must_ _clean_ _her_ room.

11. 그녀는 그녀의 방을 나가야 해.
    She _must_ leave her room.

12. 그녀는 그녀의 방을 나가지 말아야 해.
    She must not leave her room.

13. 그녀는 그녀의 방을 나갈 필요가 없어.
    She _doesn't_ _have_ _to_ leave her room.

14. 그녀는 그녀의 방을 나가야 해.
    She _has_ _to_ leave _her_ room.

15. 그녀는 파리로 떠나야 해.
    She _has_ _to_ leave _for_ Paris.

16. 그들은 파리로 떠나야 해. (have to 이용)
    They have to leave for Paris.

17. 그들은 파리로 떠날 필요가 없어.
    They _don't_ _have_ _to_ leave _for_ Paris.

18. 그들은 파리로 떠나지 말아야 해.
    They _must_ _not_ leave _for_ Paris.

읽어두면 좋아요

필수 단어 clean 청소하다 classroom 교실 leave for ~로 떠나다, 출발하다

14 | They may come.

01 비교하면 답이 보인다!

1
(비인칭 주어) / 눈이 온다.
It snows.

It __may__ snow. (추측)
(비인칭 주어) / ~일지도 모른다 / 눈이 오다.

2
(비인칭 주어) / ~일지도 모른다 / 비가 오다.
It may rain.

It __may__ __not__ rain. (주측)
(비인칭 주어) / ~일지도 모른다 / ~아닐지도 모른다 / 비가 오다.

3
그는 / ~이다 / 늦은.
He is late.

He __may__ be late. (추측)
그는 / ~일지도 모른다 / ~이다 / 늦다.

4
그녀는 / ~일지도 모른다 / ~이다 / 의사.
She may be a doctor.

She __may__ __not__ be a doctor. (추측)
그녀는 / ~아닐지도 모른다 / ~이다 / 의사.

5
나는 / 거기에 간다.
You go there.

You __may__ go there. (허가)
너는 / ~해도 좋다 / 거기에 가다.

6
너는 / ~해도 좋다 / 여기에 앉다.
You may sit here.

You __may__ __not__ sit here. (must not보다 약한 금지의 뜻)
너는 / ~하면 안 된다 / 여기에 앉다.

---

02 쓰다 보면 문법이 보인다!

1 It __may__ be cloudy.
(비인칭 주어) / ~일지도 모른다 / 흐리다.

2 It __may__ __not__ be cloudy.
(비인칭 주어) / ~일지도 모른다 / ~아닐지도 모른다 / 흐리다.

3 It __may__ __not__ rain tomorrow.
(비인칭 주어) / ~일지도 모른다 / ~아닐지도 모른다 / 비가 오다 / 내일.

4 It __may__ rain tomorrow.
(비인칭 주어) / ~일지도 모른다 / 비가 오다 / 내일.

5 It __may__ arrive late.
그것은 / ~일지도 모른다 / 도착하다 / 늦게.

6 She __may__ arrive late.
그녀는 / ~일지도 모른다 / 도착하다 / 늦게.

7 She __may__ __not__ arrive late.
그녀는 / ~아닐지도 모른다 / 도착하다 / 늦게.

8 He __may__ __not__ be a scientist.
그는 / ~아닐지도 모른다 / ~이다 / 과학자.

9 He __may__ be a scientist.
그는 / ~일지도 모른다 / ~이다 / 과학자.

10 He __may__ be busy.
그는 / ~일지도 모른다 / ~이다 / 바쁜.

문제로 문법 정리

괄호 안의 표현 중 알맞은 것을 고르세요.
1. You (may go / go may) home.
2. She (may is / may be) tired.

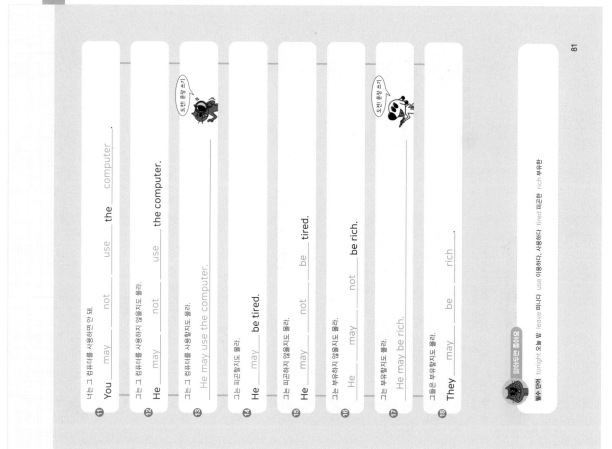

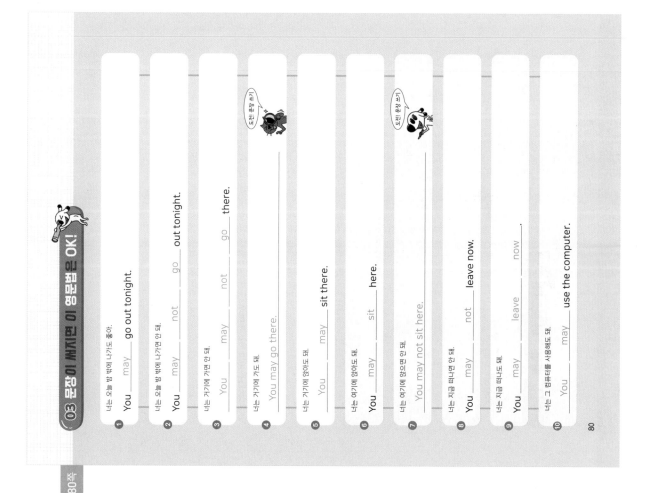

15 | You should go there.

01 비교하면 답이 보인다!

1
너는 / ~이다 / 조심스러운.
You are careful.
You ___ should ___ be ___ careful.
너는 / ~해야 한다 / ~이다 / 조심스러운.

2
우리는 / ~이다 / 친절한 / 다른 사람들에게.
We are kind to others.
We ___ should ___ be ___ kind to others.
우리는 / ~해야 한다 / ~이다 / 친절한 / 다른 사람들에게.

3
나는 / 공부하다 / 오늘 저녁에.
I study this evening.
I ___ should ___ study ___ this evening.
나는 / ~해야 한다 / 공부하다 / 오늘 저녁에.

4
너는 / ~해야 한다 / 떠나다 / 지금.
You ___ should ___ not ___ leave ___ now.
You should leave now.

5
너는 / ~하지 않는 게 좋다 / 건너다 / 길을.
We ___ should ___ not ___ cross ___ the street.
We should cross the street.
우리는 / ~해야 한다 / 건너다 / 길을.

6
그녀는 / ~해야 한다 / 가다 / 공원에.
She should go to the park.
She ___ should ___ not ___ go ___ to the park.
그녀는 / ~하지 않는 게 좋다 / 가다 / 공원에.

02 쓰다 보면 문법이 보인다!

1
그는 / ~해야 한다 / 하다 / 그의 숙제를.
He ___ should ___ do his homework.

2
너는 / ~해야 한다 / 하다 / 너의 숙제를.
You ___ should ___ do ___ your homework.

3
너는 / ~하는 게 좋다 / 오다 / 여기에.
You ___ should ___ come ___ here.

4
너는 / ~하지 않는 게 좋다 / 오다 / 여기에.
You ___ should ___ not ___ come ___ here.

5
너는 / ~하지 않는 게 좋다 / 마시다 / 찬물을.
You ___ should ___ not ___ drink cold water.

6
나는 / ~하는 게 좋다 / 마시다 / 따뜻한 물을.
You ___ should ___ drink ___ warm ___ water.

7
우리는 / ~하는 게 좋다 / 마시다 / 따뜻한 물을.
We ___ should ___ drink ___ warm ___ water.

8
우리는 / ~하는 게 좋다 / 쉬다.
We ___ should ___ take a rest.

9
그녀는 / ~하지 않는 게 좋다 / 하다 / 쉬다.
She ___ should ___ not ___ take ___ a ___ rest.

10
그녀는 / ~하지 않는 게 좋다 / 가다 / 영화에.
She ___ should ___ not ___ go ___ to the movies.

문제로 문법 정리

괄호 안의 단어 중 알맞은 것을 고르세요.

1. You should (see / saw) a doctor.
2. He (should / shoulds) study hard.

03 문장이 써지면 이 영문법은 OK!

너는 운동하는 게 좋겠어.
1 You __should__ __exercise__.

아이들은 운동하는 게 좋아.
2 Children __should__ __exercise__ .

아이들은 노는 게 좋아.
3 Children __should__ __play__.

아이들은 거리에서 놀지 말아야 해.
4 Children __should__ __not__ __play__ in the streets.

아이들은 짠 음식을 먹지 않는 게 좋겠어.
5 Children __should__ __not__ __eat__ salty food.

너는 짠 음식을 먹지 않는 게 좋겠어.
6 You should not[shouldn't] eat salty food.

너는 건강에 좋은 음식을 먹는 게 좋겠어.
7 You __should__ __eat__ healthy food.

우리는 건강에 좋은 음식을 먹는 게 좋겠어.
8 We should eat healthy food.

우리는 매일 샤워해야 해.
9 We __should__ __take__ a shower every day.

그는 매일 산책하는 게 좋아.
10 He __should__ __take__ a walk every day.

그는 양치질을 해야 해.
11 He __should__ __brush his teeth.

그는 식사 후에 양치질을 해야 해.
12 He __should__ brush __his__ __teeth__ after meals.

우리는 식사 후에 양치질을 해야 해.
13 We __should__ brush our teeth __after__ __meals__ .

우리는 물을 많이 마셔야 해.
14 We __should__ drink __a lot of water.

우리는 물을 너무 많이 사용하지 않아야 해.
15 We __should__ __not__ use too much water.

너는 물을 너무 많이 사용하지 않아야 해.
16 You should not[shouldn't] use too much water.

너는 그 테이블을 사용하지 않는 게 좋겠어.
17 You __should__ __not__ use the table.

그들은 그 테이블을 사용하지 않는 게 좋겠어.
18 They should not[shouldn't] use the table.

필수 단어 exercise 운동하다 street 거리, 길, 도로 salty 짠, 소금기가 있는 food 음식, 식품 healthy 건강한, 건강에 좋은 take a shower 샤워하다 take a walk 산책하다 brush one's teeth 양치질하다 after meals 식사 후에 drink 마시다 a lot of 많은 too much 너무 많은; 너무 많이 table 테이블, 탁자 use 사용하다, 이용하다

01 비교하면 틀이 보인다!

※ 빈칸에 맞춰 may/can/should를 이용하여 문장을 완성하세요.

Word Check

enter 들어가다 → e n t e r

room 방 → r o o m

1
~해도 되나요 / 내가 / 들어가다 / 방에?
May I enter the room?
= Can I enter the room?

Should I enter the room?
~하는 게 좋겠니 / 내가 / 들어가다 / 방에?

2
~해도 되나요 / 우리가 / 가다 / 거기에?
May　we go there?
= Can　we go there?

Should　we go there?
~하는 게 좋겠니 / 우리가 / 가다 / 거기에?

3
~해도 되나요 / 내가 / 가다 / 공원에?
May　I　go　to the park?
= Can　I　go　to the park?

Should　I　go　to the park?
~하는 게 좋겠니 / 내가 / 가다 / 공원에?

4
~해도 되나요 / 내가 / 돕다 / 당신을?
May　I help you?
= Can　I help you?

'도와 드릴까요?' :
가게에서 점원이 손님을 맞이할 때 쓰는 말

5
~해도 되나요 / 내가 / 통화하다 / 존과?
May　I speak to John?
= Can I speak to John?

'~와 통화 가능할까요?' :
May/Can I speak to ~?

88

02 써 보면 문법이 보인다!

1
A: May　I use your pen?
~해도 되나 / 내가 / 사용하다 / 네 펜을?
B: Sure. / I'm　sorry　, but you can't.
물론이야. 미안하지만, 그럴 수 없어.

2
A: May　I　borrow your　pen　?
~해도 되나 / 내가 / 빌리다 / 네 펜을?
B: Sure　. / I'm sorry, but　.
물론이야. 미안하지만, 그럴 수 없어.

3
A: May　I sit here?
~해도 되나 / 내가 / 앉다 / 여기에?
B: Of　course. / I'm　sorry　, but you　can't.
물론이야. 미안하지만, 그럴 수 없어.

4
A: Should　we sit here?
~하는 게 좋겠니 / 우리가 / 앉다 / 여기에?
B: Yes,　you　should. / No, you　shouldn't.
응, 그러는 게 좋겠어. 아니, 안 그러는 게 좋겠어.

5
A: Should　we　wait for them?
~하는 게 좋겠니 / 우리가 / 기다리다 / 그들을?
B: Yes, you　should　. /　No　, you shouldn't.
응, 그러는 게 좋겠어. 아니, 안 그러는 게 좋겠어.

6
A: Should I wait for him?
~하는 게 좋겠니 / 내가 / 기다리다 / 그를?
B: Yes　, you should. / No, you　shouldn't.
응, 그러는 게 좋겠어. 아니, 안 그러는 게 좋겠어.

읽어두면 좋아요

허가할 때는 Sure.로, 허가할 수 없을 때는 I'm sorry, but you can't.로
May I ~?로 허가를 구하면 'Yes, you may.' 또는 'No,
you may not.'으로 대답하면 돼. 하지만 실생활의 대화
에서는 긍정의 대답은 존재히 허가를 해 주는 의미로 주로
'Sure.'나 'Of course.' 등을 쓰고, 부정의 대답은 허가해
주지 못하니까 정중히 미안한 마음을 담아서 'I'm sorry,
but you can't.'로 쓰지.

89

03 문장이 써지면 이 영문법은 OK!

may/should 의문문의 대화를 완성하세요.

1 A: Should I get up early every day? B: Yes, you should.
제가 매일 일찍 일어나야 해요? 응, 너는 그래야 해.

2 A: Should I go to bed early? B: No, you shouldn't.
제가 일찍 잠자리에 들어야 해요? 아니, 너는 그러지 않는 게 좋겠어.

3 A: Should I come back home early today?
제가 오늘 일찍 집에 돌아와야 해요?
B: Yes, you should.
응, 너는 그래야 해.

4 A: Should we come back home early today?
저희가 오늘 일찍 집에 돌아와야 해요?
B: Yes, you should.
응, 너희는 그래야 해.

5 A: Should we visit our grandpa today?
저희가 오늘 할아버지를 찾아 뵈어야 해요?
B: Yes, you should
응, 너희는 그러는 게 좋겠어.

6 A: May we visit our grandpa today? B: Sure.
저희가 오늘 할아버지를 찾아 뵈어도 돼요? 물론이야.

7 A: May I visit my grandpa today? B: Of course.
제가 오늘 할아버지를 찾아 뵈어도 돼요? 물론이야.

8 A: May I meet my friend today?
제가 오늘 제 친구를 만나도 돼요?
B: I'm sorry, but you can't.
미안하지만, 그럴 수 없어.

9 A: May I go to the movies today?
제가 오늘 영화 보러 가도 돼요?
B: No, you may not.
아니, 안 되겠어.

10 A: May we go to the movies today?
저희가 오늘 영화 보러 가도 돼요?
B: I'm sorry, but you can't.
미안하지만, 그럴 수 없어.

11 A: May we go to the park and play?
저희가 공원에 가서 놀아도 돼요?
B: Yes, you may.
응, 그래도 돼.

12 A: May we play soccer here? B: Sure.
저희가 여기서 축구를 해도 돼요? 물론이야.

13 A: May I play soccer here?
제가 여기에서 축구를 해도 돼요?
B: I'm sorry, but you can't.
미안하지만, 그럴 수 없어.

14 A: May I use your pen?
내가 네 펜을 써도 되니?
B: Of course.
물론이야.

15 A: May I use your phone? B: Sure. Here you are.
내가 네 전화기를 써도 되니? 물론이야. 여기 있어.

16 A: May I come in? B: Sure. Please come in.
제가 들어가도 되나요? 물론이에요. 들어오세요.

17 | Fred is busy, isn't he?

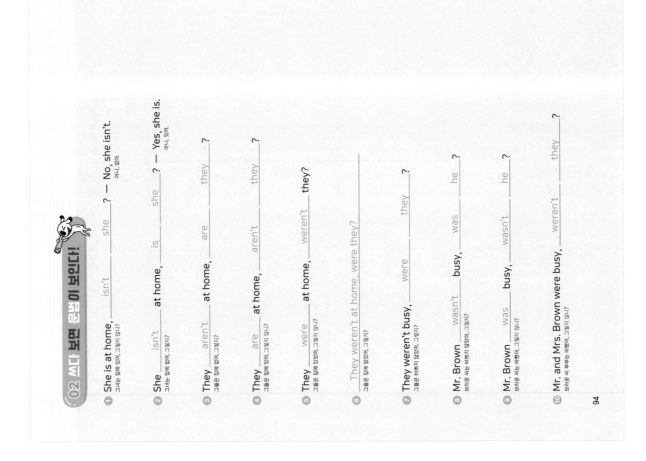

01 비교하면 답이 보인다!

스미스 씨는 선생님이야, 그렇지 않니?
Ms. Smith is a teacher, isn't she?

They **aren't** teachers, ___are___ they ? ← 항상 주격 인칭대명사로 써.
그들은 선생님들이 아니야, 그렇지?

1 너는 저녁에 TV를 봐, 그렇지 않니?
You watch TV in the evening, don't you?
반드시 줄임말로 써야 해.
are not, is not, do not 등으로 쓰면 안돼~

You **don't** work on Saturday, ___do___ you ?
너는 토요일에 일하지 않아, 그렇지?

2

3 존과 제인은 저녁을 먹었어, 그렇지 않니?
John and Jane had dinner, didn't they?

Jane **didn't** have dinner, ___did___ she ?
제인은 저녁을 먹지 않았어, 그렇지?

4 우리는 야구를 할 예정이었어, 그렇지 않니?
We were going to play baseball, weren't ___we___ ?

He **wasn't** going to play with her, ___was___ he ?
그는 그녀와 놀지 않을 예정이었어, 그렇지?

5 너는 거기에 갈 거야, 그렇지 않니?
You will go there, won't you?

You **won't** go there, ___will___ you ?
너는 거기에 가지 않을 거야, 그렇지?

6 너는 피아노를 연주할 수 있어, 그렇지 않니?
You can play the piano, can't you?

You **can't** play the piano, ___can___ you ?
너는 피아노를 연주할 수 없어, 그렇지?

앞에 오는 부가의문문은 긍정문, 부정문 구별 없이
우리말로는 "~하지?" 정도로 해석해도 돼.

93

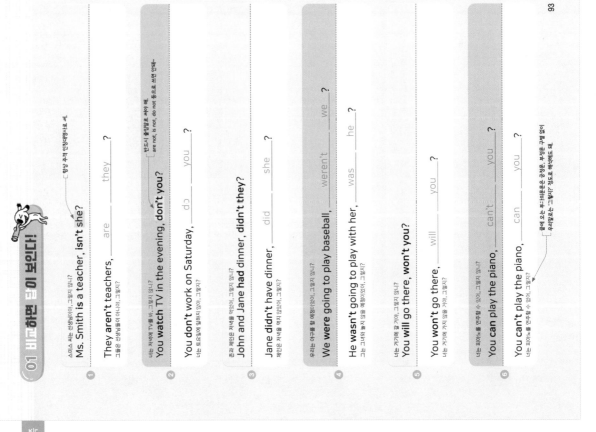

02 쓰다 보면 문법이 보인다!

1 She is at home, ___isn't___ ___she___ ? — No, she isn't.
그녀는 집에 있어, 그렇지 않니? 아니, 없어.

2 She ___isn't___ **at home,** ___is___ ___she___ ? — Yes, she is.
그녀는 집에 없어, 그렇지? 아니, 있어.

3 They ___aren't___ **at home,** ___are___ ___they___ ?
그들은 집에 없어, 그렇지?

4 They ___are___ **at home,** ___aren't___ ___they___ ?
그들은 집에 있어, 그렇지 않니?

5 They ___were___ **at home,** ___weren't___ **they?**
그들은 집에 있었어, 그렇지 않니?

6 They weren't at home, were they?
그들은 집에 없었어, 그렇지?

7 They weren't busy, ___were___ ___they___ ?
그들은 바쁘지 않았어, 그렇지?

8 Mr. Brown ___wasn't___ **busy,** ___was___ ___he___ ?
브라운 씨는 바쁘지 않았어, 그렇지?

9 Mr. Brown ___was___ **busy,** ___wasn't___ ___he___ ?
브라운 씨는 바빴어, 그렇지 않니?

10 Mr. and Mrs. Brown were busy, ___weren't___ ___they___ ?
브라운 씨 부부는 바빴어, 그렇지 않니?

94

03 문장이 써지면 이 영문법은 OK!

1 A: You can't swim, _can_ you ? B: No, I can't.
너는 수영할 수 없어, 그렇지? / 응, 할 수 없어.
> 우리말 식 대답으로 생각하지 말고 수영할 수 있으면 Yes, 수영할 수 없으면 No!

2 A: You can swim, can't you? B: _Yes_ , I can.
너는 수영할 수 있어, 그렇지 않니? / 응, 할 수 있어.

3 A: You _are_ going to swim, aren't you? B: _No_ , I'm not.
너는 수영할 거야, 그렇지 않니? / 아니, 안 할 거야.

4 A: You are going to clean the room, _aren't_ you ? B: _Yes_ , I am.
너는 방을 청소할 거야, 그렇지 않니? / 응, 할 거야.

5 A: You cleaned the room, _didn't_ you ? B: _No_ , I didn't.
너는 방을 청소했어, 그렇지 않니? / 아니, 안 했어.

6 A: You _didn't_ clean the room, did you? B: _Yes_ , I did.
너는 방을 청소하지 않았어, 그렇지? / 아니, 했어.

7 A: _They didn't clean the room_, did they? B: No, they didn't.
그들은 방을 청소하지 않았어, 그렇지? / 응, 안 했어.

8 A: They _didn't_ go there, _did_ they ? B: _Yes_ , they did.
그들은 거기에 가지 않았어, 그렇지? / 아니, 갔어.

9 A: They went there, _didn't_ they ? B: _No_ , they didn't.
그들은 거기에 갔어, 그렇지 않니? / 아니, 안 갔어.

10 A: John goes there, doesn't he? B: _Yes_ , he does.
존은 거기에 가, 그렇지 않니? / 응, 가.

11 A: John _doesn't_ _go_ there, _does_ he ? B: No, he doesn't.
존은 거기에 가지 않아, 그렇지? / 응, 안 가.

12 A: Susie won't go there, _will_ she ? B: _No_ , she won't.
수지는 거기에 가지 않을 거야, 그렇지? / 응, 안 갈 거야.

13 A: Susie _will_ go there, _won't_ she ? B: _No_ , she won't.
수지는 거기에 갈 거야, 그렇지 않니? / 아니, 안 갈 거야.

14 A: Susie _will_ _go_ to the library, _won't_ she? B: _Yes_ , she will.
수지는 도서관에 갈 거야, 그렇지 않니? / 응, 갈 거야.

영어두뇌 좋아요
이렇게 생각하면 쉽다!

부정어가 없으면	부정어가 있으면
Fred is busy, isn't he? 프레드가 바빠, 그렇지 않니? (프레드가 바쁘면) Yes, he is.	Fred isn't busy, is he? 프레드가 바쁘지 않아, 그렇지? (프레드가 바쁘지 않으면) No, he isn't.
Jane went there, didn't she? 제인은 거기에 갔었어, 그렇지 않니? (제인이 갔으면) Yes, she did.	Jane didn't go there, did she? 제인은 거기에 가지 않았어, 그렇지? (제인이 가지 않았으면) No, she didn't.
John can swim, can't he? 존은 수영할 수 있어, 그렇지 않니? (존이 수영할 수 있으면) Yes, he can.	John can't swim, can he? 존은 수영할 수 없어, 그렇지? (존이 수영할 수 없으면) No, he can't.

18 | What is it?

01 비교하면 답이 보인다!

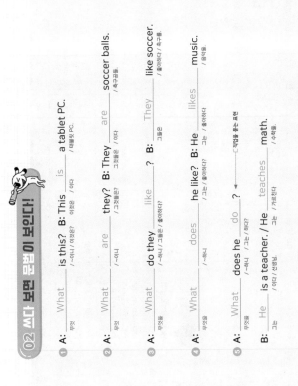

1 이것은 컴퓨터야. This is a computer. ⇨ 이것은 컴퓨터니? Is this a computer?
What __is__ __this__? ── what + be동사 + 주어 ~?
무엇 / ~이니 / 이것은?

2 네 이름은 제인이구나. Your name is Jane. ⇨ 네 이름은 제인이니? Is your name Jane?
What __is__ your name?
무엇 / ~이니 / 네 이름은?

3 너는 영화를 좋아하는구나. You like movies. ⇨ 너는 영화를 좋아하니? Do you like movies?
What __do__ you like?
무엇 / ~하니 / 너는 / 좋아하다?

4 너는 지난 일요일에 야구를 했구나. You played baseball last Sunday. ⇨ 너는 지난 일요일 야구를 했니? Did you play baseball last Sunday?
What __did__ you __do__ last Sunday? ── What + do/does/did + 주어 + 동사원형 ~?
무엇을 / ~했니 / 너는 / 하다 / 지난 일요일?

5 그는 이번 주에 집에 있을 예정이야. He's going to stay home this week ⇨ 그는 이번 주에 집에 있을 예정이니? Is he going to stay home this week
What __is__ __he__ __going__ __to__ __do__ this week? ── 그는 이번 주에 집에 있을 예정이니?
무엇 / ~이니 / 그는 / ~할 예정인 / ~하다 / 이번 주에?

6 너는 쿠키를 만들 수 있어. You can make cookies. ⇨ 너는 쿠키를 만들 수 있니? Can you make cookies?
What __can__ you __do__? ── What + 조동사 + 주어 + 동사원형 ~?
무엇 / ~할 수 있니 / 너는 / 하다?

02 써다 보면 문법이 보인다!

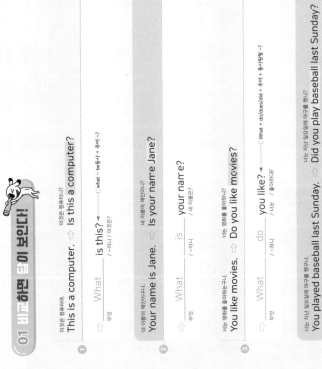

1 A: What __is__ __this__? B: This __is__ a tablet PC.
무엇 / ~이니 / 이것은? / 이것은 / 이다 / 태블릿 PC.

2 A: What __are__ __they__? B: They __are__ soccer balls.
무엇 / ~이니 / 그것들은? / 그들은 / 이다 / 축구공들.

3 A: What __do__ __they__ __like__? B: They __like__ soccer.
무엇을 / ~하니 / 그들은 / 좋아하다? / 그들은 / 좋아하다 / 축구를.

4 A: What __does__ he __like__? B: He __likes__ music.
무엇을 / ~하니 / 그는 / 좋아하다? / 그는 / 좋아하다 / 음악을.

5 A: What __does__ he __do__? ── 직업을 묻는 표현
무엇을 / ~하니 / 그는 / 하다?
B: He __is__ a teacher. / He __teaches__ math.
그는 / 이다 / 선생님. / 그는 / 가르친다 / 수학을.

6 A: What __do__ you do? B: I __am__ an English __teacher__.
무엇을 / ~하니 / 너는 / 하다? / 나는 / 이다 / 영어 선생님.

7 A: What __will__ you __do__ on Saturday? B: I will __go__ hiking.
무엇을 / ~할 거니 / 너는 / 하다 / 토요일에? / 나는 / ~할 것이다 / 가다 / 하이킹을.

8 A: What __will__ she __go__ __to__ on Saturday?
무엇을 / ~할 거니 / 그녀는 / 가다 / ~에 / 토요일에?
B: She __will__ __go__ __to__ the movies.
그녀는 / ~할 것이다 / 가다 / ~에 / 영화를 보러.

알아두면 통아요

의문사로 시작하는 의문문에는 Yes 또는 No로 대답할 수 없어.
우리말에서도 '그것은 뭐니?(What is it?)'라고 물었는데 '네/아니'라고 대답하면 이상하잖아. 의문사로 시작하는 의문문에 답할 때는 Yes/No의 대답을 할 수 없어. What으로 물으면 무엇인지 구체적으로 밝혀 주는 대답을 해야 하는 거야.

What is it?
그것은 뭐니?

03 문장이 써지면 이 영문법은 OK!

1
A: What is she doing?
　그녀는 뭐 하고 있어?
B: She's sleeping.
　그녀는 자고 있어.

2
A: What is she going to do?
　그녀는 무엇을 할 예정이니?
B: She's going to meet her friend.
　그녀는 그녀의 친구를 만날 거야.

3
A: What are you going to do?
　너는 무엇을 할 예정이니?
B: I'm going to play soccer.
　나는 축구를 할 거야.

4
A: What are you going to buy?
　너는 무엇을 살 예정이니?
B: I'm going to buy a cap.
　나는 모자를 살 거야.

5
A: What will you buy?
　너는 무엇을 살 거니?
B: I'll buy a T-shirt.
　나는 티셔츠를 살 거야.

6
A: What did you buy?
　너는 무엇을 샀니?
B: I bought a dress.
　나는 드레스를 샀어.

7
A: What did they buy?
　그들은 무엇을 샀니?
B: They bought some fruit.
　그들은 과일을 조금 샀어.

100

8
A: What did they eat?
　그들은 무엇을 먹었니?
B: They ate pizza.
　그들은 피자를 먹었어.

9
A: What did he eat? (eat 이용)
　그는 무엇을 먹었니?
B: He ate a steak.
　그는 스테이크를 먹었어.

10
A: What is he eating?
　그는 무엇을 먹고 있니?
B: He's eating a hamburger.
　그는 햄버거를 먹고 있어.

11
A: What are they doing?
　그들은 무엇을 하고 있니?
B: They're playing baseball.
　그들은 야구를 하고 있어.

12
A: What did they do?
　그들은 무엇을 했니?
B: They cleaned the classroom.
　그들은 교실을 청소했어.

13
A: What did she do?
　그녀는 무엇을 했니?
B: She cleaned her bedroom.
　그녀는 그녀의 침실을 청소했어.

14
A: What can she do?
　그녀는 무엇을 할 수 있니?
B: She can play the violin.
　그녀는 바이올린을 연주할 수 있어.

101

19 | When is your birthday?

01 비교하면 답이 보인다!

1 내 생일은 5월 1일이구나. / 네 생일이 5월 1일이니?
Your birthday is May 1st. ⇨ Is your birthday May 1st?
⇨ When __is your__ __birthday__ ?
　　언제 / ~이니 / 네 생일이

2 나는 내일 회의를 열 거야.
You will have the meeting tomorrow.
⇨ Will you have the meeting tomorrow?
⇨ When __will you__ __have__ the meeting?
　　언제 / ~할 거니 / 너는 / 회의를 열다

3 그는 오후에 수영하러 간다.
He goes swimming in the afternoon.
⇨ Does he go swimming in the afternoon?
⇨ When __does he__ __go__ swimming?
　　언제 / ~하니 / 그는 / 수영하러 가다

4 네 연필은 책상 위에 있어. / 네 연필이 책상 위에 있니?
Your pencil is on the desk. ⇨ Is your pencil on the desk?
⇨ Where __is__ your pencil?
　　어디에 / 있니 / 네 연필이

5 너는 어제 공원에 갔구나. / 너는 어제 공원에 갔었니?
You went to the park yesterday. ⇨ Did you go to the park yesterday?
⇨ Where __did you__ __go__ yesterday?
　　어디에 / ~했니 / 너는 / 가다 / 어제

6 그녀는 영화를 보러 가고 있어. / 그녀는 영화를 보러 가고 있니?
She's going to the movies. ⇨ Is she going to the movies?
⇨ Where __is she__ __going__ ?
　　어디에 / ~이니 / 그녀는 / 가고 있는

02 쓰다 보면 문법이 보인다!

1 A: When __is__ the __party__ ?
　　　언제 / ~이니 / 그 파티가?
　 B: It's next __Saturday__.
　　　그것은 ~이다 / 다음 주 토요일.

2 A: When __will you have the__ party?
　　　언제 / ~할 거니 / 너는 / 파티를 열다
　 B: We'll have the party __on__ July 10th.
　　　우리는 ~할 것이다 / 파티를 열다 / 7월 10일에.

3 A: When __did__ you have the party?
　　　언제 / ~했니 / 너는 / 파티를 열다
　 B: I had the party __last__ weekend.
　　　나는 / 파티를 열었다 / 지난 주말에.

4 A: Where __did__ __you__ __have__ __the__ __party__ ?
　　　어디에서 / ~했니 / 너는 / 파티를 열다
　 B: We __had__ the party at the restaurant.
　　　우리는 / 파티를 열었다 / 레스토랑에서.

5 A: Where __are you going to__ __have__ the party?
　　　어디에서 / ~할 거니 / 너는 / 파티를 열다
　 B: We're __going__ __to__ __have__ the party at the restaurant.
　　　우리는 ~할 것이다 / 파티를 열다 / 레스토랑에서.

6 A: Where __is__ __she__ __going__ __to__ __have__ the party?
　　　어디에서 / ~이니 / 그녀는 / 가다 / 파티를 열다
　 B: She's __going__ __to__ have the party at her house.
　　　그녀는 ~할 것이다 / 그녀의 집에서.

03 문장이 써지면 이 영문법은 OK!

1
A: Where are you from ?
그는 어디 출신이니?
B: I'm from Korea .
나는 한국 출신이야.

2
A: Where are you from?
그는 어디 출신이니?
B: He's from France.
그는 프랑스 출신이야.

3
A: Where is he going?
그는 어디에 가고 있는 거니?
B: He's going to the library.
그는 도서관에 가고 있어.

4
A: Where does he go ?
그는 어디에 가니?
B: He goes home.
그는 집에 가.

5
A: When does he go home?
그는 언제 집에 가니?
B: He goes home at five o'clock.
그는 5시에 집에 가.

6
A: When do you go home?
너는 언제 집에 가니?
B: I go home at four o'clock.
나는 4시에 집에 가.

7
A: When do you have lunch?
너는 언제 점심을 먹니?
B: I have lunch at noon .
나는 정오에 점심을 먹어.

8
A: Where do you have lunch ?
너는 어디에서 점심을 먹니?
B: I have lunch in[at] my classroom.
나는 우리 교실에서 점심을 먹어.

9
A: Where did you have lunch?
너는 어디에서 점심을 먹었니?
B: I had lunch at the Chinese restaurant.
나는 중식당에서 점심을 먹었어.

10
A: When did she have lunch?
그녀는 언제 점심을 먹었니?
B: She had lunch at one o'clock.
그녀는 1시에 점심을 먹었어.

11
A: When did she cook?
그녀는 언제 요리했니?
B: She cooked in the morning .
그녀는 오전에 요리했어.

12
A: Where did she cook?
그녀는 어디에서 요리했니?
B: She cooked in the yard.
그녀는 마당에서 요리했어.

13
A: Where does she cook? B: She cooks in the kitchen.
그녀는 어디에서 요리하니?　그녀는 부엌에서 요리해.

14
A: Where does she live?
그녀는 어디에 사니?
B: She lives in Seoul.
그녀는 서울에서 살아.

20 | Who is she?

(01 비교하면 답이 보인다!

그녀는 내 사촌이야.　　그녀는 네 사촌이니? ⇨ Is she your ccusin?
She is my cousin.

①
⇨ Who ___ is she?
　　누구　　/ ~이니 / 그녀는

이 사람은 존이야.　　이 사람은 존이니? ⇨ Is this John?
This is John.

②
⇨ Who ___ is this?
　　누구　　/ ~이니 / 이 사람은

－ 전화 통화에서 자주 쓰이는 말로
－ 전화를 건 상대방에게 '누구세요?'라고 묻는 말이야.
－ 짧게 줄여서 Who's this?로 쓰기도 해.

존이 이것을 만들었어.
John made this.

③
⇨ Who ___ made this?
　　누구　　/ 만들었니 / 이것을

이것은 네 모자니?　　Is this your cap?

④
⇨ Whose ___ cap ___ is th s?
　　누구의　　/ 모자　　/ ~이니 / 이것은

너는 오늘 네 옛 친구를 만났니?
You met your old friend today. ⇨ Did you meet your old friend today?

⑤
⇨ Whom[Who]* did you meet today?
　　누구를　　/ 만났니 / 너는 / 만나다 / 오늘?

*구어체에서는 '누구를'이라는 뜻의 의문사로
whom 대신 who를 쓰기도 해.

그들은 존과 벤을 초대했어.
They invited John and Ben. ⇨ Did they invite John and Ben?

⑥
⇨ Whom[Who] did they invite?
　　누구를　　/ 그들은 / 초대했니?

(02 문법이 쉬워진다!

알아두면 좋아요

who/whom/whose 의문문에 대한 대답
who[whom]로 물어보면 사람으로 대답
해야 해.

예 A: Who is she? 그녀는 누구니?
　　B: She is my cousin. 그녀는 내 사촌이야.
예 A: Who is going to come next?
　　누가 다음에 올 예정이니?
　　B: Mary is going to come.
　　메리가 올 거야.

② whose로 물어보면 소유격이나 소유대명
사를 써서 대답해야 해.
예 A: Whose camera is this?
　　이것은 누구의 카메라니?
　　B: It is mine. 그것은 내 거야.

①
A: Who ___ are you?
　　누구　　/ ~이에요 / 당신은?
B: I ___ am ___ John's roommate.
　　저는 / ~입니다　　　　준이의 룸메이트.

②
A: Who ___ is ___ this?
　　누구　　/ ~이에요　　　　/ 이 사람은?
B: This is Jane.

③
A: Who ___ is ___ that boy?
　　누구　　/ ~이니　　　　/ 저 소년은?
B: He's my ___ cousin ___.
　　그는 ~이야 / 내 사촌.

④
A: Who ___ is ___ he?
　　누구　　/ ~이니　　　　/ 그는?
B: He's my ___ brother ___.
　　그는 ~이야 / 내 남동생.

⑤
A: Who ___ is ___ going ___ to come ___?
　　누구　　/ ~이니　　/ ~할 거니　　/ 오다?
B: John ___ is ___ going ___ to ___ come ___.
　　존이 / ~할 것이다　　/ ~할 거야 / 오다.

⑥
A: Who ___ will ___ come ___ to the party?
　　누구　　/ ~할 거니 / 오다　　/ 파티에?
B: John and Susie ___ will ___ come to the party.
　　존과 수지가 / ~할 것이다 / 오다 / 파티에.

문제로 문법 정리

빈칸에 알맞은 의문사를 〈보기〉에서 골라
쓰세요.

| 보기 | who | whose | whom |

1. A: ___ Whose ___ phone is this?
　　B: It's mine.

2. A: ___ Who ___ cooked it?
　　B: My sister did.

03 문장이 써지면 이 영문법은 OK!

① A: Whose bag is this? 이것은 누구의 가방이니?
　　B: It's mine . 그것은 내 것이야.

② A: Whose house is this? 이것은 누구의 집이니?
　　B: This is Jane's house. 이것은 제인의 집이야.

③ A: Whose house is that? 저것은 누구의 집이니?
　　B: That is Fred's house. 저것은 프레드의 집이야.

④ A: Whose sister is that? 저 사람은 누구의 누나(언니)니?
　　B: That is John's sister. 저 사람은 존의 누나야.

⑤ A: Who is that little girl? 저 어린 여자 아이는 누구니?
　　B: She is my sister . 그녀는 여자 아이는 내 여동생이야.

⑥ A: Who will help that girl? 누가 저 여자 아이를 도와줄 거니?
　　B: I will help her. 내가 그녀를 도와줄 거야.

⑦ A: Who will help me? 누가 날 도와줄 거야?
　　B: I will help you . 내가 너를 도와줄게.

⑧ A: Who helped you? 누가 널 도와줬니?
　　B: My sister helped me. 우리 언니가 나를 도와줬어.

⑨ A: Who took care of you ? 누가 널 돌봐 주었니?
　　B: My grandparents took care of me. 우리 조부모님이 나를 돌봐 주셨어.

110

⑩ A: Who can take care of her? 누가 그녀를 돌봐 줄 수 있니?
　　B: My mother can take care of her. 우리 어머니가 그녀를 돌봐 줄 수 있어.

⑪ A: Who can take you to the hospital? 누가 너를 병원에 데리고 갈 수 있니?
　　B: My father can take me to the hospital. 우리 아버지가 나를 병원에 데리고 가실 수 있어.

⑫ A: Who took you to the hospital? 누가 너를 병원에 데리고 갔니?
　　B: My father took me to the hospital. 우리 아버지가 나를 병원에 데리고 가셨어.

⑬ A: Whom[Who] did you take to the hospital? 너는 누구를 병원에 데리고 갔니?
　　B: I took my sister to the hospital. 나는 내 여동생을 병원에 데리고 갔어.

⑭ A: Whom[Who] did you meet this morning? 너는 오늘 오전에 누구를 만났니?
　　B: I met my friend this morning. 나는 오늘 오전에 내 친구를 만났어.

영단원의 단어들
필수 단어 mine 나의 것　help 돕다　take care of ~를 돌보다(관리하다)　take 데리고 가다　hospital 병원　this morning 오늘 오전

111

41

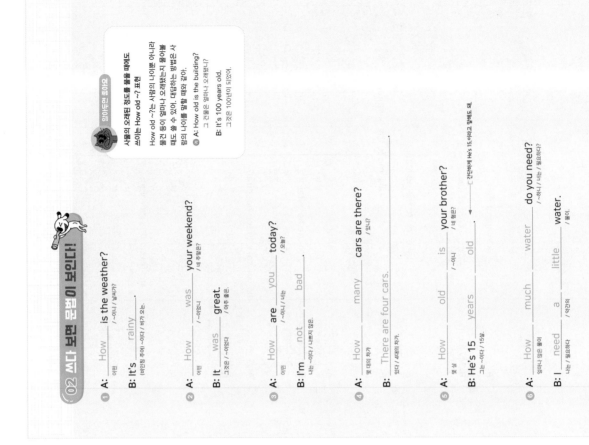

21 | How are you?

01 비교하면 답이 보인다!

1. 나는 피곤해. 너는 피곤하니?
I'm tired. ⇨ Are you tired?
⇨ How are you today?
　어떤 /~이니 / 너는 / 오늘?

2. 나는 12살이야. 너는 12살이니?
I am 12 years old. ⇨ Are you 12 years old?
⇨ How old are you? ← how old + be동사 + 주어: ~는 몇 살이니?
　몇 /~이니 / 너는?

3. 그것은 20달러야. 그것은 20달러니?
It's twenty dollars. ⇨ Is it twenty dollars?
⇨ How much is it?
　얼마 /~이니 / 그것은?

4. 나는 사과 3개를 원해. 너는 사과 3개를 원하니?
I want three apples. ⇨ Do you want three apples?
⇨ How many apples do you want?
　몇 개의 / 사과를 /~하니 / 너는 / 원하다?

5. 나는 버스로 학교에 가. 너는 버스로 학교에 가니?
I go to school by bus. ⇨ Do you go to school by bus?
⇨ How do you go to school?
　어떻게 /~하니 / 너는 / 학교에 가다?

by bus: 버스로
by subway: 지하철로
by car: 자동차로
by bike: 자전거로
by train: 기차로
by plane: 비행기로
on foot: 걸어서

6. 나는 매일 아침 물 한 잔을 마셔.
I drink a glass of water every morning.
⇨ Do you drink a glass of water every morning?
너는 매일 아침 물 한 잔을 마시니?
⇨ How much water do you drink every morning?
　얼마나 많은 / 물을 /~하니 / 너는 / 마시다 / 매일 아침?

113

02 쓰다 보면 문법이 보인다!

1. A: How is the weather?
　어떤 /~이니 / 날씨가?
B: It's rainy.
　(비인칭 주어) ~이다 / 비가 오는.

2. A: How was your weekend?
　어떤 / ~이었니 / 네 주말은?
B: It was great.
　그것은 / ~이었다 / 아주 좋은.

3. A: How are you today?
　어떤 / ~이니 / 너는 / 오늘?
B: I'm not bad.
　나는 / ~이다 / 나쁘지 않은.

4. A: How many cars are there?
　몇 대의 차가 / ~있니?
B: There are four cars.
　~있다 / 4대의 차가.

5. A: How old is your brother?
　몇 살 / ~이니 / 네 형은?
B: He's 15 years old. ← 간단하게 He's 15.이라고 말해도 돼.
　그는 ~이다 / 15살의.

6. A: How much water do you need?
　얼마나 많은 물이 / ~하니 / 너는 / 필요하다?
B: I need a little water.
　나는 / 필요하다 / 약간의 / 물이.

읽어두면 좋아요

사람의 오래된 정도를 물을 때에도 쓰이는 How old ~? 표현
How old ~?는 사람의 나이뿐 아니라 물건 등이 얼마나 오래됐는지 물어볼 때도 쓸 수 있어. 대답하는 방법은 사람의 나이를 말할 때와 같아.
예) A: How old is the building? 그 건물은 얼마나 오래됐니?
　　B: It's 100 years old. 그것은 100년이 되었어.

114

03 문장이 써지면 이 영문법은 OK!

1
A: How do you go to school?
나는 어떻게 학교에 가니? (교통 수단)
B: I go to school by bus.
나는 버스로 학교에 가.

2
A: How did you go to the market?
나는 어떻게 시장에 갔었니? (교통 수단)
B: I went to the market by subway.
나는 지하철로 시장에 갔었어.

3
A: How many eggs will you buy in the market?
나는 시장에서 몇 개의 계란을 살 거니?
B: I will buy ten eggs.
나는 계란 10개를 살 거야.
└ 숫자는 영어로 써 보자!

4
A: How many eggs are you going to buy?
나는 몇 개의 계란을 살 거니?
B: I'm going to buy twenty eggs.
나는 계란 20개를 살 거야.

5
A: How many eggs are you going to eat?
나는 몇 개의 계란을 먹을 거니?
B: I'm going to eat two eggs.
나는 계란 2개를 먹을 거야.

6
A: How many eggs did you eat?
나는 몇 개의 계란을 먹었니? (eat 이용)
B: I ate three eggs.
나는 계란 3개를 먹었어.

7
A: How many eggs do you have?
나는 몇 개의 계란을 갖고 있니?
B: I have seven eggs.
나는 계란 7개를 갖고 있어.

8
A: How many children do you have?
당신은 몇 명의 자녀가 있어요?
B: I have two children.
저는 2명이 있어요.

9
A: How much money do you have?
당신은 돈을 얼마나 갖고 있어요?
B: I have fifty dollars.
나는 50달러를 갖고 있어요.

10
A: How much are they?
그것들은 얼마예요?
B: They're thirty dollars.
그것들은 30달러예요.

11
A: How much are these apples?
이 사과들은 얼마예요?
B: They're fifteen dollars.
그것들은 15달러예요.

12
A: How much is this?
이것은 얼마예요?
B: It's eight dollars.
그것은 8달러예요.

01 비교하면 답이 보인다!

Word Check

t a k e
t r i p

p e a c e

① 나는 / 원한다 / 약간의 피자를.
I want some pizza.
I want ___to___ eat some pizza.
나는 / 원한다 / 먹기를 (eat 이름)

② 그들은 / 계획할 것이다 / 여행을.
They will plan a trip.
They will plan ___to___ take a trip.
그들은 / 계획할 것이다 / 하는 것을

③ 그녀는 / 좋아했다 / 음악을.
She liked music.
She liked ___to___ listen to music.
그녀는 / 좋아했다 / 듣는 것을

④ 그는 / 무척 좋아한다 / 영화를.
He loves movies.
He loves ___to___ watch movies.
그는 / 무척 좋아한다 / 보는 것을

⑤ 우리는 / 희망한다 / 평화를.
We hope for peace.
We hope ___to___ have peace.
우리는 / 희망한다 / 갖기를

⑥ 나는 / 배웠다 / 영어를.
I learned English.
I learned ___to___ speak English.
나는 / 배웠다 / 말하는 것을

118

02 쓰다 보면 문법이 보인다!

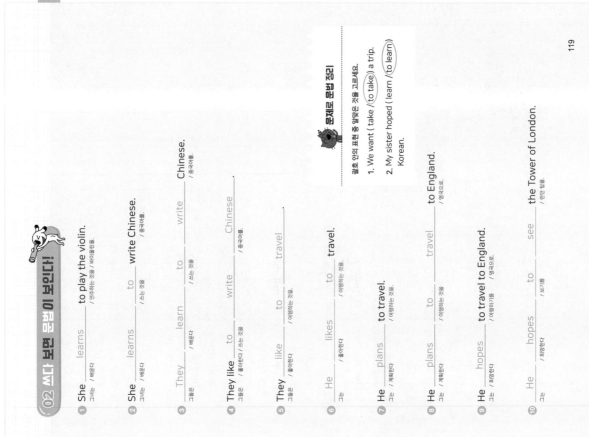

① She learns _____ to play the violin.
그녀는 / 배운다 / 연주하는 것을 / 바이올린을

② She learns _____ to _____ write Chinese.
그녀는 / 배운다 / 쓰는 것을 / 중국어를

③ They _____ learn _____ to _____ write _____ Chinese.
그들은 / 배운다 / 쓰는 것을 / 중국어를

④ They like to _____ write _____ travel.
그들은 / 좋아한다 / 쓰는 것을

⑤ They _____ like _____ to _____ travel.
그들은 / 좋아한다 / 여행하는 것을

⑥ He _____ likes _____ to _____ travel.
그는 / 좋아한다 / 여행하는 것을

⑦ He _____ plans _____ to travel.
그는 / 계획한다 / 여행하는 것을

⑧ He _____ plans _____ to _____ travel _____ to England.
그는 / 계획한다 / 여행하는 것을 / 영국으로

⑨ He _____ hopes _____ to travel to England.
그는 / 희망한다 / 여행하기를 / 영국으로

⑩ He _____ hopes _____ to _____ see _____ the Tower of London.
그는 / 희망한다 / 보기를 / 런던 탑을

문제로 문법 정리

괄호 안의 표현 중 알맞은 것을 고르세요.

1. We want (take / to take) a trip.
2. My sister hoped (learn / to learn) Korean.

119

03 문장이 써지면 이 영문법은 OK!

〈주어 + be동사〉는 줄임말로 쓰세요.

① 제인은 영화 보러 가는 것을 무척 좋아해.
Jane ___ loves ___ to ___ go ___ to the movies.

② 제인은 영화 보러 가는 것을 좋아해.
Jane likes ___ to ___ go ___ the ___ movies ___.

③ 제인은 배드민턴 치는 것을 좋아해.
Jane ___ likes ___ to ___ play ___ badminton.

④ 나는 배드민턴 치는 것을 좋아해.
I like to play badminton.

⑤ 나는 배드민턴 치고 싶었어.
I wanted ___ to ___ play ___ badminton.

⑥ 나는 테니스를 배우고 싶었어.
I ___ wanted ___ to ___ learn tennis.

⑦ 그들은 테니스를 배우고 싶었어.
They wanted to learn tennis.

⑧ 그들은 테니스 배우고 있어.
They're learning ___ to ___ play ___ tennis ___.

⑨ 그들은 피아노 치는 것을 배우고 있어.
They're ___ learning ___ to ___ play ___ the piano.

⑩ 그는 피아노 치는 것을 배우고 있어.
He's learning to play the piano.

---

⑪ 그는 피아노를 치는 것을 계획하고 있어.
He's planning ___ to ___ play ___ the piano.

⑫ 그는 피아노를 치는 것을 계획했어.
He ___ planned ___ to ___ play ___ the piano.

⑬ 그는 캠핑 가는 것을 계획했어.
He planned to go camping.

⑭ 우리는 캠핑 가기를 희망했어.
We ___ hoped ___ to go camping.

⑮ 우리는 당신을 다시 보기를 바라요.
We ___ hope ___ to ___ see you again.

⑯ 우리는 당신을 다시 보기를 원했어요.
We ___ want ___ to ___ see ___ you again.

⑰ 그녀는 그녀의 삼촌을 방문하기를 원했어.
She ___ wanted ___ to ___ visit her uncle.

⑱ 그녀는 그녀의 삼촌을 방문하기를 원해.
She wants to visit her uncle.

필수 단어 go to the movies 영화 보러 가다 want 원하다 tennis 테니스 learn 배우다 plan 계획하다 go camping 캠핑하러 가다 hope 희망하다, 바라다 visit 방문하다 uncle 삼촌

23 | I like eating apples.

01 비교하면 답이 보인다!

1.
나도 즐겼다 / 영화를
I enjoyed movies.
I ___enjoyed___ ___watching___ ___movies___.
나는 즐겼다 / 보는 것을 / 영화를.

2.
그들은 / 마쳤다 / 점심을
They finished lunch.
They ___finished___ ___eating___ ___lunch___.
그들은 / 마쳤다 / 먹는 것을 / 점심을.

3.
그는 / 무척 좋아한다 / 영화를
He loves movies.
He ___loves___ ___watching___ ___movies___.
= He ___loves___ ___to___ ___watch___ ___movies___.
그는 / 무척 좋아한다 / 보는 것을 / 영화를.

4.
우리는 / 시작했다 / 요가를
We started yoga.
We ___started___ ___learning___ ___yoga___.
= We ___started___ ___to___ ___learn___ ___yoga___.
우리는 / 시작했다 / 배우는 것을 / 요가를.

5.
그녀는 / 좋아했다 / 쿠키를
She liked cookies.
She ___liked___ ___making___ ___cookies___.
= She ___liked___ ___to___ ___make___ ___cookies___.
그녀는 / 좋아했다 / 만드는 것을 / 쿠키를.

Word Check

e n j o y

y o g a

---

02 쓰다 보면 문법이 보인다!

1. She enjoyed ___making___ a cake.
그녀는 / 즐겼다 / 만드는 것 / 케이크를.

2. She ___enjoyed___ ___making___ cookies.
그녀는 / 즐겼다 / 만드는 것 / 쿠키를.

3. She ___enjoyed___ ___eating___ ___cookies___.
그녀는 / 즐겼다 / 먹는 것 / 쿠키를.

4. She ___finished___ ___eating cookies___.
그녀는 / 마쳤다 / 먹는 것 / 쿠키를.

5. She ___finished___ ___doing___ ___her homework___.
그녀는 / 마쳤다 / 하는 것 / 그녀의 숙제를.

6. We ___finished___ ___doing___ ___our___ ___homework___.
우리는 / 마쳤다 / 하는 것 / 우리의 숙제를.

7. We started ___doing___ ___our___ ___homework___.
우리는 / 시작했다 / 하는 것 / 우리의 숙제를.

8. We ___started___ ___learning___ Spanish.
우리는 / 시작했다 / 배우는 것 / 스페인어를.

9. ___He___ ___started___ ___learning___ Spanish.
그는 / 시작했다 / 배우는 것 / 스페인어를.

10. He ___loved___ ___learning___ ___Spanish___.
그는 / 무척 좋아했다 / 배우는 것 / 스페인어를.

외우고 넘어가자!
알아두면 좋아요

want, plan, learn, hope 뒤에는 to부정
사만 목적어로 올 수 있고, enjoy, finish,
mind 뒤에는 동명사만 목적어로 올 수 있어.
begin, start, like, love 뒤에는 to부정사
나 동명사 모두 올 수 있어!

문제로 문법 정리

두 문장의 의미가 같도록 빈칸에 알맞은
단어를 쓰세요.

1. I began to learn to dance.
= I began ___learning___ to dance.

2. He loves reading books.
= He loves ___to___ ___read___ books.

03 문장이 써지면 이 영문법은 OK!

*동명사 목적어로 쓰세요.

① 존은 영어 문법을 공부하는 것을 시작했다.
John began _studying_ English grammar.

② 존은 영어 문법을 배우는 것을 시작했다.
John _began_ _learning_ English _grammar_.

③ 존은 플루트를 배우는 것을 시작했다.
John _began_ _learning_ the flute.

④ 그녀는 플루트를 배우는 것을 좋아한다.
She likes learning the flute.

⑤ 그녀는 플루트를 연주하는 것을 좋아한다.
She likes _playing_ _the_ flute _.

⑥ 우리는 플루트를 연주하는 것을 즐겼다.
We _enjoyed_ _playing_ the flute.

 도전! 문장 쓰기

⑦ 우리는 농구하는 것을 즐긴다.
We _enjoy_ _playing_ basketball.

⑧ 그는 농구하는 것을 즐겼다.
He enjoyed _playing_ basketball.

⑨ 그는 농구하는 것을 무척 좋아할 것이다.
He _will_ _love_ _playing_ basketball.

⑩ 그는 산책하러 가는 것을 무척 좋아할 것이다.
He _will_ _love_ going for a walk.

⑪ 그녀는 산책하러 가는 것을 무척 좋아한다.
She _loves_ _going_ _for_ _a_ _walk_ .

⑫ 그녀는 소설 읽는 것을 무척 좋아한다.
She _loves_ _reading_ novels.

⑬ 그들은 소설 읽는 것을 무척 좋아한다.
They love reading novels.

⑭ 그들은 소설 읽는 것을 끝냈다.
They finished _reading_ novels.

 도전! 문장 쓰기

⑮ 그들은 시 읽는 것을 끝냈다.
They _finished_ _reading_ poems.

⑯ 그들은 시 읽는 것을 끝내지 않았다.
They didn't finish _reading_ poems .

도전! 문장 쓰기

⑰ 그들은 시 읽는 것을 싫어하지 않았다.
They didn't mind reading poems.

도전! 문장 쓰기

⑱ 나는 고기 먹는 것을 꺼리하지 않았다.
I didn't mind eating meat.

알아두면 좋아요
필수 단어 grammar 문법 flute 플루트 enjoy 즐기다 basketball 농구 go for a walk 산책하러 가다 novel 소설 poem 시 mind 싫어하다, 꺼리다 meat 고기

01 비교하면 답이 보인다!

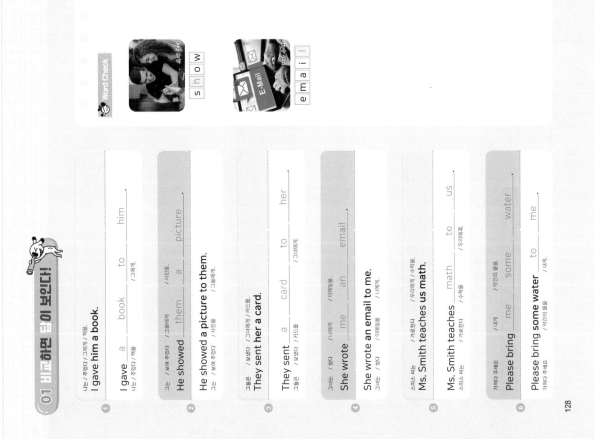

1 나는 / 주었다 / 그에게 / 책을.
I gave a book to him .
나는 / 주었다 / 그에게 / 책을
I gave him a book.

2 그는 / 보여 주었다 / 그들에게 / 사진을.
He showed them a picture .
그는 / 보여 주었다 / 사진을
He showed a picture to them.

3 그들은 / 보냈다 / 그녀에게 / 카드를.
They sent a card to her .
그들은 / 보냈다 / 카드를
They sent her a card.

4 그녀는 / 썼다 / 나에게 / 이메일을.
She wrote me an email .
She wrote an email to me.

5 스미스 씨는 / 가르친다 / 우리에게 / 수학을.
Ms. Smith teaches us math.
스미스 씨는 / 가르친다 / 수학을
Ms. Smith teaches math to us .

6 가져다 주세요 / 내게 / 약간의 물을.
Please bring me some water .
가져다 주세요 / 약간의 물을
Please bring some water to me .

Word Check
s h o w 보여주다
e m a i l

02 쓰다 보면 문법이 보인다!

1 I showed them a card.
나는 / 보여 주었다 / 그들에게 / 카드를.

2 I showed a card to them .
나는 / 보여 주었다 / 카드를 / 그들에게.

3 I showed a card to him.
나는 / 보여 주었다 / 카드를 / 그에게.

4 I wrote a card to him.
나는 / 썼다 / 카드를 / 그에게.

5 I wrote him a card.
나는 / 썼다 / 그에게 / 카드를.

6 I wrote her a card.
나는 / 썼다 / 그녀에게 / 카드를.

7 I sent her a card .
나는 / 보냈다 / 그녀에게 / 카드를.

8 He sent a card to her .
그는 / 보냈다 / 카드를 / 그녀에게.

9 He will send some flowers to her.
그는 / 보내 줄 것이다 / 약간의 꽃을 / 그녀에게.

10 He will give some flowers to her.
그는 / 줄 것이다 / 약간의 꽃을 / 그녀에게.

문제로 문법 정리

우리말과 일치하도록 주어진 단어를 배열하세요.

1. 그는 연필을 그녀에게 줄 것이다.
(give / her / will / he / a pencil / to)
He will give a pencil to her.

2. 그녀는 그에게 사과를 주었다.
(an apple / she / him / gave)
She gave him an apple.

03 문장이 써지면 이 영문법은 OK!

*빈칸에 맞춰 첫 번째 문장은 4형식으로, 두 번째 문장은 3형식으로 문장을 완성하세요.

1 브라운 씨는 우리에게 요리를 가르친다.
Mr. Brown teaches us cooking.
⇨ Mr. Brown teaches cooking ___ to ___ us ___.

2 브라운 씨는 우리에게 요리를 가르쳤다.
Mr. Brown ___ taught ___ us ___ cooking ___.
⇨ Mr. Brown ___ taught ___ cooking ___ to ___ us ___.

3 브라운 씨는 우리에게 요리 책을 주었다.
Mr. Brown ___ gave ___ us ___ a cook book.
⇨ Mr. Brown ___ gave ___ a ___ cook ___ book ___ to us.

4 그는 그녀에게 요리 책을 주었다.
He gave her a cook book.
⇨ He gave a cook book ___ to ___ her ___.

5 그는 그녀에게 요리 책을 보내 주었다.
He ___ sent ___ her a cook book.
⇨ He sent ___ a ___ cook ___ book ___ to ___ her ___.

6 그는 그들에게 요리 책을 보내 주었다.
He sent ___ them ___ a cook book.
⇨ He ___ sent ___ a cook book ___ to ___ them ___.

7 그는 그들에게 선물을 보내 주었다.
He ___ sent ___ them ___ a gift.
⇨ He ___ sent ___ a ___ gift ___ to ___ them ___.

130

8 그는 그들에게 선물을 가지고 왔다.
He brought ___ them ___ a ___ gift ___.
⇨ He ___ brought ___ a gift ___ to ___ them ___.

9 그녀는 내게 선물을 가지고 올 것이다.
She will ___ bring ___ me ___ a gift.
⇨ She ___ will ___ bring ___ a ___ gift ___ to me.

10 그녀는 내게 메뉴를 가지고 올 것이다.
She ___ will ___ bring ___ me the menu.
⇨ She will bring ___ the ___ menu ___ to ___ me ___.

11 그녀는 그에게 메뉴를 보여 준다.
She shows him the menu.
⇨ She ___ shows ___ the ___ menu ___ to ___ him ___.

12 그녀는 그에게 편지를 보여준다.
She shows him a letter.
⇨ She shows a letter to him.

13 그녀는 그에게 편지를 썼다.
She wrote him a letter.
⇨ She wrote a letter to him.

14 그녀는 그에게 편지를 쓸 예정이다.
She is going to write him a letter.
⇨ She is going to ___ write ___ a ___ letter ___ to ___ him ___.

131

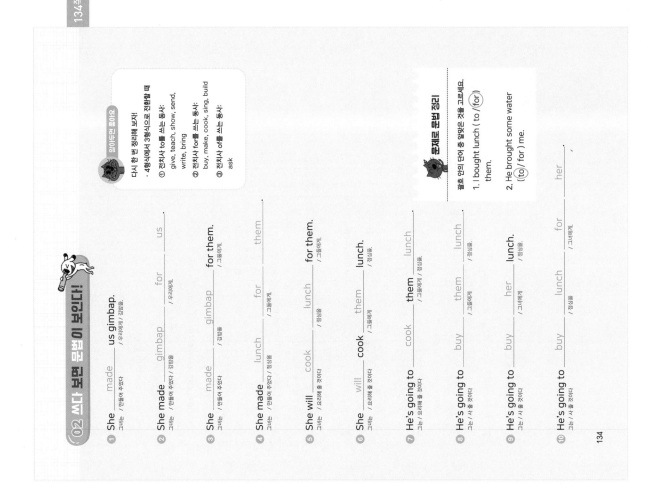

알아두면 좋아요

다시 한 번 정리해 보자!
• 4형식에서 3형식으로 전환할 때
① 전치사 to를 쓰는 동사:
give, teach, show, send, write, bring
② 전치사 for를 쓰는 동사:
buy, make, cook, sing, build
③ 전치사 of를 쓰는 동사: ask

02 쓰다 보면 문법이 보인다!

① She made us gimbap.
그녀는 / 사 주었다 / 우리에게 / 김밥을.

② She made gimbap for us.
그녀는 / 만들어 주었다 / 김밥을 / 우리에게.

③ She made gimbap for them.
그녀는 / 만들어 주었다 / 김밥을 / 그들에게.

④ She made lunch for them.
그녀는 / 만들어 주었다 / 점심을 / 그들에게.

⑤ She will cook lunch for them.
그녀는 / 요리해 줄 것이다 / 점심을 / 그들에게.

⑥ She will cook them lunch.
그녀는 / 요리해 줄 것이다 / 그들에게 / 점심을.

⑦ He's going to cook them lunch.
그는 / 요리해 줄 것이다 / 그들에게 / 점심을.

⑧ He's going to buy them lunch.
그는 / 사 줄 것이다 / 그들에게 / 점심을.

⑨ He's going to buy her lunch.
그는 / 사 줄 것이다 / 그녀에게 / 점심을.

⑩ He's going to buy lunch for her.
그는 / 사 줄 것이다 / 점심을 / 그녀에게.

문제로 문법 정리

괄호 안의 단어 중 알맞은 것을 고르세요.
1. I bought lunch (to /for) them.
2. He brought some water (to/ for) me.

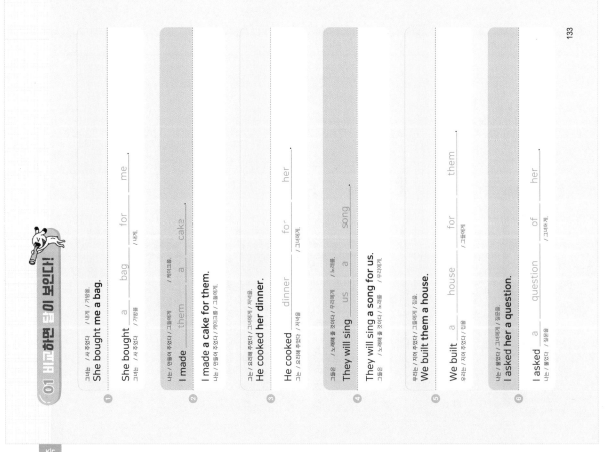

01 비교하면 문법이 보인다!

①
그녀는 / 사 주었다 / 내게 / 가방을.
She bought me a bag.
그녀는 / 사 주었다 / 가방을 / 내게.
She bought a bag for me.

②
나는 / 만들어 주었다 / 그들에게 / 케이크를.
I made them a cake.
나는 / 만들어 주었다 / 케이크를 / 그들에게.
I made a cake for them.

③
그는 / 요리해 주었다 / 그녀에게 / 저녁을.
He cooked her dinner.
그는 / 요리해 주었다 / 저녁을 / 그녀에게.
He cooked dinner for her.

④
그들은 / 노래해 줄 것이다 / 우리에게 / 노래를.
They will sing us a song.
그들은 / 노래해 줄 것이다 / 노래를 / 우리에게.
They will sing a song for us.

⑤
우리는 / 지어 주었다 / 그들에게 / 집을.
We built them a house.
우리는 / 지어 주었다 / 집을 / 그들에게.
We built a house for them.

⑥
나는 / 물었다 / 그녀에게 / 질문을.
I asked her a question.
나는 / 물었다 / 질문을 / 그녀에게.
I asked a question of her.

03 문장이 써지면 이 영문법은 OK!

빈칸에 앞서 첫 번째 문장은 4형식으로, 두 번째 문장은 3형식으로 문장을 완성하세요.

1. 브라운 씨는 그들에게 약간의 과일을 사 주었다.
Mr. Brown __bought__ __them__ __some__ fruit.
⇨ Mr. Brown bought some fruit __for__ __them__ .

2. 브라운 씨는 나에게 약간의 과일을 사 주었다.
Mr. Brown __bought__ __me__ __some__ __fruit__ .
⇨ Mr. Brown bought some fruit __for__ __me__ .

3. 브라운 씨는 나에게 애완동물을 사 주었다.
Mr. Brown __bought__ __me a__ __pet__ .
⇨ Mr. Brown __bought__ a pet for me.

4. 브라운 씨는 나에게 집을 사 주었다.
Mr. Brown bought __me__ __a__ __house__ __for__ __me__ .

5. 브라운 씨는 나에게 집을 지어 주었다.
Mr. Brown built __me__ __a__ house.
⇨ Mr. Brown __built__ __a__ __house__ for me.

6. 그는 그녀에게 집을 지어 줄 것이다.
He will build her a house.
⇨ He will build __a__ __house__ __for__ __her__ .

7. 그는 그녀에게 모래성을 쌓아줄 것이다.
He __will__ __build__ her a sandcastle.
⇨ He will build a sandcastle __for__ __her__ .

135

8. 그는 그녀에게 모래성을 만들어 줄 것이다.
He will make __her__ __a__ __sandcastle__ .
⇨ He __will__ __make__ a sandcastle for her.

9. 그는 우리에게 모래성을 만들어 줄 것이다.
He will make us a sandcastle.
⇨ He will __make__ a sandcastle __for__ __us__ .

10. 그는 우리에게 노래를 불러 줄 것이다.
He's __going__ __to__ __sing__ __us a song__ .
⇨ He's going to sing __a__ song __for__ __us__ .

11. 그들은 우리에게 노래를 불러 줄 것이다.
They're going to __sing__ __us__ __a__ __song__ for us.
⇨ They're going to __sing__ a song for us.

12. 그들은 우리에게 노래를 불러 주었다.
They __sang__ __us__ __a__ __song__ .
⇨ They sang a song __for__ __us__ .

13. 그들은 우리에게 질문 하나를 했다.
They asked us a question.
⇨ They asked a question __of__ __us__ .

14. 그들은 그에게 많은 질문을 했다.
They asked him many questions.
⇨ They asked many questions __of__ __him__ .

136

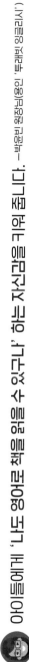

전면 개정판!

전 세계 어린이들이 가장 많이 읽는 영어동화 100편 시리즈

모바일 음원 QR 제공

더 경제적!

위인동화 | 각 권 16,800원 | 세트 49,000원

위인동화

과학동화

명작동화

명작동화부터 과학, 위인동화까지!
첫 영어 리딩, 영어동화 100편 시리즈로 흥미진진하게 시작해요!

아이들에게 '나도 영어로 책을 읽을 수 있다'는 자신감을 키워 줍니다. —박윤빈 원장님(용인 '투래빗 잉글리시')

---

08 The Fox and the Grapes

A hungry fox found a grapevine.
He saw some grapes on the vine.
"I love grapes.
They look great.
They taste great, too."
But he couldn't reach them
no matter how hard he tried.
He even shouted at the grapes
but the grapes were still high up.

"The grapes must taste sour,"
the hungry fox said to himself,
and then he went away.

They must taste sour.

스마트폰으로 찍으면 원어민이 읽어 줘요.

단어 뜻과 내용 이해를 돕는 문장 속 삽화들

퀴즈로 독해력 up!
Q1. The fox didn't like grapes.　True False
Q2. The grapes were really sour.　True False

핵심 단어 익히기

바른 친구들이 즐겨찾는 빠른 학습법

바빠 초등 영문법 3

5·6학년용

Read aloud!

+ 훈련 문장 음원으로 공부하는 방법

방법 1 문장을 듣고 나서 큰 소리로 따라 읽어 보세요. 듣고, 소리 내어 읽는 활동을 통해 스피킹 및 리스닝 연습을 동시에 할 수 있어요.

방법 2 정답을 맞출 때 해답지 대신 음원 파일을 들으며 확인에 보세요.

훈련 문장 음원 무료 다운로드
www.easysedu.co.kr

바빠 공부단 구매
바빠 공부단!
검색

바쁜 친구들이 즐거워지는 **빠른** 학습서

영역별 연산책 바빠 연산법
방학 때나 학습 결손이 생겼을 때~

· 바쁜 1·2학년을 위한 빠른 **덧셈**
· 바쁜 1·2학년을 위한 빠른 **뺄셈**
· 바쁜 초등학생을 위한 빠른 **구구단**
· 바쁜 초등학생을 위한 빠른 **시계와 시간**

· 바쁜 초등학생을 위한 빠른 **길이와 시간 계산**
· 바쁜 3·4학년을 위한 빠른 **덧셈**
· 바쁜 3·4학년을 위한 빠른 **뺄셈**
· 바쁜 3·4학년을 위한 빠른 **분수**
· 바쁜 3·4학년을 위한 빠른 **곱셈**
· 바쁜 3·4학년을 위한 빠른 **나눗셈**
· 바쁜 3·4학년을 위한 빠른 **방정식**

· 바쁜 초등학생을 위한 빠른 **약수와 배수, 평면도형 계산, 입체도형 계산, 자연수의 혼합 계산, 분수와 소수의 혼합 계산, 비와 비례, 확률과 통계**
· 바쁜 5·6학년을 위한 빠른 **곱셈**
· 바쁜 5·6학년을 위한 빠른 **나눗셈**
· 바쁜 5·6학년을 위한 빠른 **분수**
· 바쁜 5·6학년을 위한 빠른 **소수**
· 바쁜 5·6학년을 위한 빠른 **방정식**

바빠 국어/ 급수한자
초등 교과서 필수 어휘와 문해력 완성!

· 바쁜 초등학생을 위한 빠른 **맞춤법 1**
· 바쁜 초등학생을 위한 빠른 **급수한자 8급**
· 바쁜 초등학생을 위한 빠른 **독해 1, 2**

· 바쁜 초등학생을 위한 빠른 **독해 3, 4**
· 바쁜 초등학생을 위한 빠른 **맞춤법 2**
· 바쁜 초등학생을 위한 빠른 **급수한자 7급 1, 2**

· 바쁜 초등학생을 위한 빠른 **급수한자 6급 1, 2, 3**
· 보일락 말락~ 바빠 급수한자판 + 6·7·8급 모의시험

· 바쁜 초등학생을 위한 빠른 **독해 5, 6**

재미있게 읽다 보면
나도 모르게
교과 지식까지 쑥쑥!

바빠 영어
우리 집, 방학 특강 교재로 인기 최고!

· 바쁜 초등학생을 위한 빠른 **파닉스 1, 2**
· 바쁜 초등학생을 위한 빠른 **사이트 워드 1, 2**
· 바쁜 초등학생을 위한 빠른 **영단어 스타터 1, 2**
· 바빠 초등 **파닉스 리딩 1, 2**

전 세계 어린이들이 가장 많이 읽는
· 영어동화 100편 : **명작동화**
· 바쁜 3·4학년을 위한 빠른 **영단어**
· 바쁜 3·4학년을 위한 빠른 **영문법 1, 2**
· 영어동화 100편 : **과학동화**
· 영어동화 100편 : **위인동화**
· 바빠 초등 필수 **영단어**

· 바쁜 5·6학년을 위한 빠른 **영단어**
· 바빠 초등 **영문법 - 5·6학년용 1, 2, 3**
· 바쁜 5·6학년을 위한 빠른 **영어특강 - 영어 시제 편**
· 바쁜 5·6학년을 위한 빠른 **영작문**

바빠 초등 필수 영단어

원어민 MP3 제공 | 바빠 초등 필수 영단어 | 15,000원

3~6학년 필수 영단어를 한 권에!

초등 학년별 어휘 800개 한 권으로 총정리!

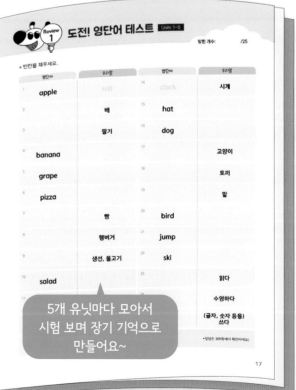

영단어 노트로 복습까지 완벽하게!

특별부록 영단어 쓰기 노트

주제별 영단어

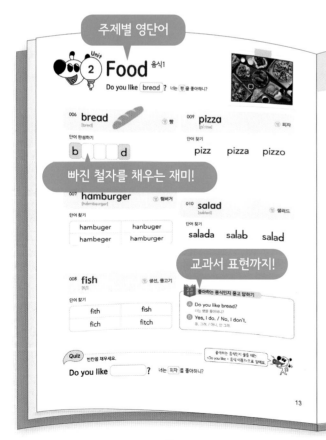

빠진 철자를 채우는 재미!

교과서 표현까지!

5개 유닛마다 모아서 시험 보며 장기 기억으로 만들어요~

13

17

 교과서와 일상생활을 반영한 주제별로 모아 더 잘 외워져요!